생각읽는
독서의 힘

생각읽는
독서의 힘

펴낸날 초판 1쇄 발행 2016년 06월 20일

지은이 김지연
펴낸이 방영배
펴낸곳 다음생각
디자인 NAMIJINDESIGN

출판등록 2009년 10월 6일 | 제2011-000148호
주 소 경기도 고양시 덕양구 화정동 967 송화빌딩 213호
전 화 031-963-2123
팩 스 031-963-2124
이메일 nt21@hanmail.net
인쇄 제본 현문자현
종 이 월드페이퍼

ISBN 978-89-98035-45-7 (03020)

• 책값은 표지 뒤쪽에 있습니다.
• 파본은 본사와 구입하신 서점에서 교환해 드립니다.

생각읽는 독서의 힘

김지연 지음

생각당하지 않고
스스로 생각하게 만드는 독서법

프롤로그

책 읽기를 말할 때 내가 하고 싶은 이야기

학교만 졸업하면 끝날 줄 알았던 10대 학창시절, 취업만 하면 새로운 세상이 열릴 줄 알았던 20대를 지나왔지만 삶은 여전히 문제를 던져주었고 그 해답을 찾기 위해 고군분투하며 캄캄한 어둠 속을 헤매는 것이 인생이 아닐까 하는 생각이 든다. 부모님 세대만 하더라도 전쟁, 가난, 질병, 자연재해 등 외적인 요인으로 인해 생존을 위협받았기 때문에 이것을 해결하는 것이 삶의 가장 큰 과제였을 것이다. 먹고 사는 문제를 해결하는 것이 전부였던 과거와는 달리 요즘은 경제적 기반위에 안락하고 풍요로운 삶을 누리고 있다. 그러나 주변을 유심히 살펴보면 온통 힘들다는 사람들뿐이다. 사는 게 왜 힘든지도 모른 채, 알려고도 하지 않은 채 영혼 없는 일상에 매몰되어 하루하루를 버겁게 살아가고 있다. '치유'와 '힐링' 이 일상의 키워드로 자리 잡은 것도 누군가의 위로가 절실한 시대에 살고 있기 때문은 아닐까 생각해 본다.

무엇으로도 위로받지 못하고 의지할 곳 없을 때 책과 만났고 책과의 만남은 지금까지 느껴보지 못했던 짜릿하고 황홀한 신세계를 경험하게 해 주었다. 오래전, 계속되는 공무원 시험의 낙방과 사랑하는 가족의 죽음, 그리고 긴 수험생활로 인한 운동부족으로 디스크가 파열되어 입원과 수술을 반복하는 과정에서 몸과 마음은 만신창이가 되었다. 퇴원 후 모든 것에서 손을 놓고 두어 달이 넘도록 집 밖으로 나가지 못한 채 누워서 지내야만 했던 때, 내가 할 수 있는 일이라고는 밤새 이어폰을 통해 음악을 듣거나 모로 누워 책을 읽는 것뿐 이었다. 책 속에서 그들의 이야기를 통해 용기를 얻고 다시 일어설 수 있었으며 고난과 시련은 또 다른 나를 만나는 시간임을, 실패는 언젠가 그에 상응하는 성공의 씨앗을 가져다준다는 것을 깨닫게 되었다.

쇼펜하우어는 "오늘날 우리의 모습은 우리가 읽은 것의 결과다. 우리가 읽은 그 모든 책은 우리들의 기억 속에 스며들어 우리가 세상을 보는 법, 느끼는 법, 생각하는 법에 영향을 미친다"고 하였다. 책을 보는 이유는 단순히 지식을 쌓기 위해서만은 아니다. 독서를 통해 통찰력과 비판적 사고력을 기르고 타인의 생각을 내 것으로 만들어 낼 수 있는 능력을 키울 수 있다. 독서하지 않는 삶은 미래가 어둡다. 기대수명이 점차 늘어나면서 제2의 인생을 고민해야 하는 시점에 놓인 우리의 삶에서 독서의 의미가 과소평가 되어서는 안 될 것이다. 하지만 대부분의 성인들은 이런 저런 이유로 독서와는 거리가 먼 삶을 살고 있다. 독서의 부족은 타인에 대한 공감과 이해의 폭을 좁히고 편견과 아집에 사로잡힌 삶으로 이어지며 창의력과 상상력이 빈곤한 삶을 살게 한다.

책을 읽는 사람들은 무엇보다 자신의 삶을 귀하게 여기며 자신만의 확고한 가치관을 세우고자 하는 사람들이다. 우리는 같은 사건을 경험해도 각자가 지닌 가치관이나 삶의 프레임에 따라 다른 해석을 한다. 자신만의 렌즈로 세상을 바라보고 느끼며 경험하는 삶, 경험을 재해석하는 힘, 생각을 바꾸고 상황을 다르게 바라볼 수 있는 능력이 독서를 통해 길러진다고 생각한다.

시중 서점에 가면 독서법에 관한 책이 책장 가득 넘쳐난다. 괴테는 "책 읽는 방법을 위해 80년이라는 세월을 바쳤으나 아직까지도 잘 배웠다고 할 수 없다"고 하였다. 그러나 나는 애초에 독서법 같은 것은 없다고 생각한다. 독서법은 이론으로 터득할 수 있는 것이 아니다. 머리로 이해하는 것이 아니라 스스로 부딪치며 깨닫는 과정 속에서 체화되는 것이다. 모국어를 자유자재로 구사하지만 우리는 그것이 정확하게 어떤 과정을 통해 이루어졌는지 설명하기 힘든 이치와 마찬가지다. 책을 읽는 방법에 대한 힌트는 얻을 수 있겠지만 책을 읽는 사람은 결국 자신이며 최고의 독서법 또한 읽는 자만이 터득할 수 있다. 책을 잘 읽는 방법을 깨우치기 위해 80년의 세월을 바쳤지만 아직도 잘 배우지 못했다고 하는 괴테의 말은 "독서에는 왕도가 없다"라는 것을 역설적으로 말해주고 있는 게 아닐까?

사람들은 누구나 지금보다 더 나은 삶을 꿈꾼다. 성장하고 도약하는 삶에 독서가 깊이 관여하고 있다면 지나친 비약일까? 내가 책을 읽었던 것은 시간이 많아서가 아니었다. 누구에게나 똑같이 주어진 시간 동안 그저 책을 읽는 것을 선택한 것뿐이었다. 성공하는 사람들 중에는 다독가가 많다. 그들은 말한다. 지금보다 나아지고 싶다면 책을 읽어라! 책만 본다고 다 되는 것은 물론 아니다. 하지만 독서를 하찮게 생각한다면 당신은 인생에서 바라는 것을 결코 이룰 수 없을 것이다. 이 책을 읽고 독서에 관한 자신만의 답을 하나라도 찾을 수 있었으면 하는 바람이다. 책을 읽는 것이 왜 중요하며 독서의 필요성에 대한 자신만의 해답을 갖고 있다면 책으로부터 잠시 멀어지는 순간이 오더라도 흐트러졌던 마음을 바로 세울 수 있는 부표가 되어 줄 것이다. 어지러운 세상, 믿을 구석하나 없다고 체념하고 좌절하기 전에 일단 책부터 펼쳐라. 책은 분명 당신 인생의 든든하고 믿음직한 동반자가 되어 줄 것이다.

인생이라는 거친 바다, 책이라는 돛을 달고 순항하기 바란다.

2016년 4월 어느 봄날 김지연

차례

3장 | 인생을 바꾸고 싶다면 책읽기에 투자하라

4장 | 인생지도, 책으로 그려라

1

인생의 모든 문제는 독서로 해결할 수 있다

생각읽는 독서의 힘 • 인생의 모든 문제는 독서로 해결할 수 있다

한 권의 책에도 인생의 정답이 있다

책은 오늘의 나를 만들었다. 책을 통해 나는 미시시피의 농장 너머에 정복해야 할 큰 세상이 있다는 것을 알게 되었다.
- 오프라 윈프리

우리는 흔히 "독서로 인생을 바꿀 수 있다"고 말한다. 하지만 정작 주변을 살펴보면 독서로 인생을 바꾼 사람은커녕 책을 많이 읽는 사람조차 찾아보기 힘들다. 주변 사람들이 독서로 자기계발을 한다기에 A도 독서를 시작했다. 그동안은 1년에 책 한 권도 읽을까 말까 했던 그였다. 아니 정확히 말하면, 업무와 관련된 책을 찾기 위한 목적 외에는 서점이나 도서관에 가본 적도 없고, 스스로 책을 구입해서 읽어본 적도 없다. 우연한 계기로 독서를 시작했지만, 정말 독서가 자기계발에 도움이 될 수 있을지, 과연 무엇이 바뀔 수 있을지 여전히 의문이다. 이러한 생각을 하는 것이 비단 A뿐만은 아닐 것이다.

시시각각으로 변하는 현대사회는 개개인에게 변화와 혁신을 요구한다. 개인들은 어떤 일을 하든 새로운 개념과 이론에 대해 공부하고, 자신이 하는 일에 대한 전반적인 지식을 갖추어 창의적이고 주체적으로 일하기를 원한다. 또한 지금 얼마나 행복하든, 자신이 무슨 일을 하고 있든, 인생을 살아가면서 스스로 성장하고 능동적으로 삶을 경영해야 한다고 생각한다. 하지만 주변을 둘러보면 퇴직 이후 새로운 삶을 준비하는 사람도, 인생과 경력에서 중요한 순간에 서 있는 중간관리자도, 성장과 변화의 시대에 조직의 미래를 짊어질 젊은이들도 책을 읽지는 않는다.

많은 사람들이 한숨 돌릴 여유조차 없을 정도로 삶이 바빠서, 혹은 업무가 밀려서 책을 읽고 싶어도 읽을 시간이 없다고 변명한다. 하지만 나는 그러면 그럴수록 더더욱 책을 읽어야 한다고 이야기해주고 싶다. 일과 삶, 양쪽 모두에서 성장할 수 있도록 도와주는 것이 바로 독서이기 때문이다.

'책을 읽는다고 해서 인생이 얼마나 변하겠느냐?'며 독서를 외면하는 사람들이 있다. 과연 그들의 생각처럼 책은 그저 종이에 인쇄된 활자의 나열에 불과할 뿐이며, 독서가 인생을 변화시킨다는 것은 허황된 말일까?

나는 독서가 인생을 바꿀 수 있다는 말을 절대적으로 믿는다. 돈이 많이 드는 것도 아니고, 복잡한 매뉴얼을 익혀야 하는 것도 아니지 않은가. 그저 책을 읽는 것만으로 인생이 바뀐다는 요술 같은 말, 나는 '꼭 그렇게 된다'라는 믿음으로 책을 신봉한다.

독서로 인생이 바뀌지 않았다고 말하는 진짜 이유에 대해 《나이 서른에, 책 3,000권을 읽어보니》의 저자 이상민은 이렇게 말한다.

"1,000권의 책을 읽고도 인생이 바뀌지 않았다는 말을 하는 사람은 돈과 관련해서 그런 말을 하는 것일 것이다. 앞에서도 이야기했지만, 독서는 그런 것이 아니다. 가난해도 프라이드를 잃지 않는 것이고, 가난해도 일희일비하지 않는 힘이 독서가 가져다주는 힘이다. 모든 사람들이 부자가 되려고 하지만, 꼭 부자만 이 세상에 필요한가? 예를 들어 공무원들은 청렴결백해야 하기 때문에 월급만 받으면 당연히 가난할 수밖에 없다. 이때 가난은 부끄러움이 아닌 자랑이며, 우리 사회의 미덕이다. 사실상 독서는 이런 정신을 회복하기 위해서 하는 것이다."

책을 읽는다고 해서 당장 경제적인 형편이 나아지는 것은 아니다. 책 속에서 쌀이나 돈이 쏟아져 나오는 것은 아니기 때문이다. 사실 지금 당장 눈앞에 보이는 인생의 외형이 바뀌지는 않는다. 하지만 책을 읽는 사람들은 자신의 삶을 중요하게 생각하고, 삶에 대한 새로운 관점으로 자신만의 공식을 세우며 살아간다. 책은 생각의 힘을 길러주고, 책을 읽는 만큼 삶은 성장한다. 성취감을 느끼면서 자신을 긍정하고 인생의 고통을 감내할 수 있게 해준다. 같은 상황에서도 다르게 생각할 수 있는 힘, 세상을 제대로 바라보고 해석할 수 있는 눈을 갖게 한다. 생각이 바꿔면 비록 현재의 위치는 그대로일지라도 자존감이 가득 찬 사람으로 바뀌게 된다.

미국의 대표적인 여성방송인 오프라 윈프리는 독서를 통해 자신의 삶을 바꾸고, 나아가 미국인의 삶의 지평에까지 영향을 미친 인물이다. 그녀는 1954년 미국 흑인 빈민가에서 18세의 가정부 출신 미혼모 엄마에게서 태어났다. 사촌오빠의 성적 학대와 괴롭힘 속에서 14세에 첫아이를 출산해 그녀 역시 미혼모가 되었고, 아기는 2주 만에 세상을 떠났다. 20대에는 마약에 손을 대면서 감옥에 드나들었고, 외모는 체중 100킬로그램에 육박한 못난 모습이었다.

하지만 지금 그녀는 어떻게 변했는가? 1998년 〈포춘〉 선정 여성 최고 비즈니스우먼 2위에 올랐고, 2003년 미국 〈포브스〉가 선정한 '억만장자'에 '세계 10대 여성'으로 뽑혔으며, 2004년 8월 27일 유엔으로부터 '올해의 세계지도자 상' 수상자로 선정되면서, 〈타임〉지가 뽑은 2004년 세계에서 가장 영향력 있는 인물 100인 중 한 사람으로 추앙받고 있다. 그뿐 아니라 그녀는 무려 25년 동안이나 자신의 이름을 내걸고 토크쇼를 진행할 정도로 미국 내에서 강력한 영향력을 갖게 되었다. 그녀의 말 한마디면 방송 즉시 상품이 품절되고, 특정 정치인을 지지한다고 언급하는 순간 선거 판세가 달라질 정도다.

오프라 윈프리 인생의 극적인 반전은 철이 들 무렵 뒤늦게 만난 아버지의 조언에서부터 시작되었다. 아이들에게 관심 없는 어머니 밑에서

불우하게 자라면서 인생을 포기했던 윈프리에게 아버지는 "책을 읽어라. 그러면 너의 인생이 180도 달라질 것이다."라고 말했다. 그녀는 책을 무척 좋아했고, 자신의 뒤틀린 인생을 책읽기를 통해 바로잡기 시작했다. 아버지의 조언을 마음에 새기고 일주일에 한 권씩 의무적으로 책을 읽었고, 그에 대한 보고서를 작성했다. 그녀는 자서전에 "도서관 카드를 소유한 것은 미국 시민권을 얻은 것만큼이나 기뻤다."라고 하면서 "책을 통해 나는 내 인생의 가능성을 발견했고, 세상에 나처럼 사는 사람이 또 있다는 것을 알게 되었다. 책은 나에게 희망을 주었다. 책은 나를 향해 열린 문과 같았다."라고 고백했다. 책은 그녀에게 희망이었으며, 세상과 연결해준 유일한 다리였다.

그녀의 삶은 독서가 한 사람의 인생을 바꾸고, 어떠한 어려움 속에서도 포기하거나 좌절하지 않도록 해주는 힘이 있다는 것을 증명해준다. 성공한 사람들의 대부분은 한 권의 책에서 감명을 받고, 그것이 인생의 전환점이 되었다고 이야기한다. 책은 우리가 힘들고 지칠 때 위안을 주고, 스스로 일어설 수 있는 힘을 길러준다.

아무리 열심히 산다고 해도 살다 보면 뜻하지 않게 인생의 위기를 맞는 순간이 있다. 미처 대비하지 못한 인생의 위기에 상처받지 않고 잃는 것 없이 자신을 지켜나가기 위해서는 깊은 내공이 필요하다. 내공이란 정신적 결함이나 타격이 겉으로 나타나지 않고 속으로만 퍼지는 것, 즉 내적으로 공을 들여 힘을 축적시킨 정도를 말한다. 이러한 내공을 쌓기란 쉬운 일이 아니다. 책을 읽는다는 것은 깊은 내공을 쌓는 것이다. 독서로 쌓은 내공은 내가 직접 살면서 겪은 경험과 어우러져 나만의 독특한 내공이 된다. 좋은 책은 인생을 바꿔놓는다.

"한 권의 좋은 책을 만나십시오. 그러면 당신은 훌륭한 인생을 살아갈 것입니다."라고 톨스토이는 말했다. 많은 세월이 지나도, 또 많은 것을 잊고 살아도 또렷이 떠오르는 경험이 되어 내 안에 살며, 새로운 인생의 가능성을 발견하게 하고, 세상을 보는 틀이 되어주는 책 한 권, 이것이면 충분하지 않을까?

책은 해답이 아니라 힌트다

책 속에서 우연히 발견한 나에게 의미 있는 한 대목,
어쩌면 단 한 구절만으로도 책은 나의 분신이 된다.
– 윌리엄 서머셋 모옴

책을 읽으면 삶의 모든 문제들이 해결될까? 책을 읽는다고 해서 모든 사람들이 부자로 살 수 있을까? 현실은 이론과 다르다. 세상은 냉정하고 부조리하다. 책 읽는 것만으로 세상의 모든 문제들이 해결될 수 있다면 이 세상에는 죽을 사람도, 가난하게 살 사람도 없을 것이다. 세상일은 이론서처럼 그렇게 단순하고 간단하지 않다.

"책을 읽으면 읽을수록 바보가 된다."라는 말이 있다. 처음에는 독서의 중요성을 강조하는 시대에 걸맞지 않는 말인 듯하여 고개를 갸우뚱거렸다. 하지만 그 말 속에 담긴 뜻을 곰곰이 생각해보니 수긍하지 않을 수 없었다. 책 자체가 중요하지 않다는 말이 아니라 책을 읽고 생각하지 않으면 모르는 것보다 아는 것이 더 해롭다는 뜻인 것이다. 왕성한 지적 호기심, 꾸준한 자기계발, 방대한 독서량을 가진 사람들이 인정받는 모습을 종종 볼 수 있다. 우리는 그런 사람들을 대단하게 여기고, 그들의 말에 쉽게 휘둘리곤 한다. 하지만 막상 실행에 옮겨보면 무언가 많이 하는 것 같은데 효과가 없다거나 하고 있는 일이 그리 중요하지 않다는 생각이 들 때가 있다.

중요한 것은 자신의 머리로 생각하는 것이다. 책을 읽고 어떠한 지식을 알게 되었을 때 그것을 곧바로 적용해보는 것은 어리석은 짓이다. 아무리 훌륭한 위인의 말이라도 그 사람이 처한 개인적 혹은 시대적 환경은 제각각 다르다. '행복은 ○○○다', '사랑은 ○○○다', '빨리 돈을 벌고 싶거든 ○○○하라' 등과 같은 문장을 자신의 사고로 재해석하지 않고, 곧이곧대로 받아들여 타인의 사고와 가치관에 사로잡히는 것은 결코 현명한 행동이 아니다. "책을 읽을수록 바보가 된다."는 말은 스스로 생각하지 않고 남의 가르침을 무조건 따라하는 경우를 이르는 것이다. 책을 읽는다는 것은 단순히 글자를 읽는 것이 아니라 자신의 머리로 사고하는 행위다.

중국의 소설가 예성타오葉聖陶는 "살아 있는 책을 읽으면 책의 노예가 되지 않고 마음의 지혜를 활용할 수 있다. 우리는 모래와 진흙을 모두 털어내고 진주만 가져야 한다."고 말했다. 세상과 삶을 먼저 경험한 사람에게 독서란 지식을 받아들이는 것이고, 실천이란 책 속의 지식을 세상을 바꾸는 힘으로 승화시키는 것이다. 자신에게 무엇이 필요한지도 모른 채 무조건 책만 물고 늘어지는 사람은 책의 노예가 되어 고통을 받게 된다. 책은 평소 만나지 못한 세계에 대한 정보를 알려주고, 상상력을 펼칠 수 있도록 도와준다. 하지만 우리는 책을 선생님이 아니라 선배나 친구 정도로만 받아들여야 한다. 책과 대등한 입장에서 대화를 나누는 식으로 읽어야 내 것이 된다. 성공한 많은 사람들이 독서의 중요성을 강조하지만, 그저 많이 읽는다고 해서 삶이 대단해지는 것은 아니다. 적게 읽더라도 필요한 것을 읽어내는 감각을 기르는 것이 중요하다. 책을 읽을 때는 자신을 책 속에 묻으면 안 된다. 책을 다스릴 줄 알고, 스스로 보다 높은 위치에서 책을 읽음으로써 책에 묻히지 않아야 한다.

살다 보면 수많은 결정의 순간들과 마주하게 된다. 개인적인 일에서부터 사람과 사람 사이의 관계, 직장 및 사회적인 문제 등 결정을 내려야 하는 순간들이 찾아온다. 하지만 정답은 존재하지 않는다. 책도 마찬가지다. 책은 절대적 진리가 아니라 근본적인 원리만을 알려준다. 나 역시 문제가 생길 때마다 그에 대한 답을 찾기 위해 책을 뒤졌던 경험이 있다. 하지만 머릿속만 더 복잡해졌다. 정작 답을 찾으려고 하면, 나의 문제와 책이 주는 답이 서로 달라 마치 숨바꼭질을 하는 듯했다. 그러다 목적 없이 읽었던 책의 행간에서 우연히 지혜를 발견하게 되었다. 그리고 스스로 생각하고 깨달은 그 지혜가 살면서 만나게 되는 여러 문제에 대한 답이 되곤 했다. 책을 읽을 때에는 내가 주체라는 점을 잊지 말아야 한다. 책과 상담하고 책으로부터 에너지를 받아가는 것이라고만 생각해야 한다. 매체에서 얻는 정보나 비평가의 의견일지라도 항상 의심하고, 자신의 눈으로 정보의 본질을 밝혀봐야 한다.

실용독서를 하다 보면 정말 나에게 도움이 될 것 같고, 필요한 답을 얻을 수 있을 것 같으면서도 한편으로는 실제로 활용할 수 있을까 하는 의문이 든다.

책 속에는 정답이 존재하지 않는다. 책은 어떤 길로 가야 할지 알려주는 나침반 역할만 할 뿐이다. 방향이 같다고 해서 모든 사람들이 같은 목적지에 다다르는 것은 아니다. 《시크릿》을 읽었다고 해서 누구나 비밀을 알게 되는 것은 아니다. 부자 되는 방법을 알려주는 책을 읽고 나서 실제로 부자가 되었다는 사람도 없다. 어찌 보면 부자들의 습관은 누구나 알고 있는 지극히 평범한 것들이다. 중요한 것은 실행이다. 부자의 성공학에서 제시하는 원칙들은 그저 저자의 노하우를 공개한 것일 뿐, 이를 실행하느냐 마느냐는 온전히 읽는 독자의 몫이다.

책에는 그것이 주는 독특한 권위가 있다. 책을 펼치면 왠지 저자의 말이 절대적으로 옳은 것처럼 느껴진다. 그래서 책을 읽는 내내 저자의 말에 수긍하며 고개만 끄덕거리게 된다. 이는 어릴 적부터 길들여진 책에 대한 경외심 때문이다. 예전에는 소수의 사람들만이 책을 썼고, 오랜 집필기간을 거쳐 수정하고 다듬어진 후에야 책이 출간되었다. 하지만 요즘은 누구나 자유롭게 책을 쓸 수 있으며, 대량 생산, 대량 소비되는 책의 시대다. 검증을 받고 나온 책이 아니기 때문에 저자의 주장은 그저 그의 주관적인 생각일 뿐이다. 논거가 부족할 수도 있고, 나의 생각이나 주장과 다를 수도 있다. 반드시 저자가 옳은 것만은 아니다. 나의 배경지식과 생각들을 무시하면서 저자의 말을 무분별하게 받아들일 필요는 없다. 저자와 나는 갑을관계가 아니라 동등한 입장이다.

> "이 세상의 모든 책들이 그대에게 행복을 가져다주지는 않는다. 하지만 남몰래 가만히 알려주지, 그대 자신 속으로 돌아가는 길을. 그대에게 필요한 것은 모두 거기에 있지. 해와 달과 별, 그대가 찾던 빛은 그대 자신 속에 깃들어 있으니, 그대가 오랫동안 책 속에 파묻혀 구하던 지혜가 펼치는 곳마다 환히 빛나니. 이제는 그대의 것이리."
>
> – 헤르만 헤세

책은 그 자체로는 한계가 있다. 한계를 극복하는 방법은 책을 읽은 본인 스스로가 구체적인 삶의 현장에서 부딪히고, 느끼고, 생각하며 자신이 처한 현실에서 무엇을 해야 하는지 깨닫는 것이다. 그러기 위해서는 책에서 답을 찾으려 하기보다는 책 속에서 얻은 삶의 힌트를 내 것으로 만들기 위해 끊임없이 생각하고 질문해야 한다. 인생의 답은 멀리 있지 않다. 의외로 가까운 곳에서 찾을 수도 있다. 책은 모든 지혜와 정보를 제공하지만, 얼마나 얻어 가는가는 결국 본인의 몫이다. 책을 통해 스스로 걸어온 길을 되돌아보고 성찰하며, 그렇게 얻은 것들을 삶에 적용시켜 각자 처한 다양한 상황을 헤쳐 나가는 것이다.

책에서 제시하는 여러 사례들을 보면서 자신의 삶을 유추하고 현실에 적용할 수 있어야 한다. 그래야 내 것이 된다. 물론 말처럼 쉽지 않을지도 모른다. 생각이 그저 생각으로 그치고, 실행으로 옮겨지지 않아 책을 읽기 전과 읽은 후가 전혀 달라지지 않을 수도 있다. 그렇다 하더라도 책을 읽은 것이 후회스럽지는 않을 것이다.

인생의 정답은 책 속에 있을 수도 있고, 없을 수도 있다. 중요한 것은 정답은 절대적으로 자신의 생각과 깨우침이 있어야 찾을 수 있다는 점이다. 책 속에 답이 없는 경우도 있겠지만, 정답이 있다 하더라도 스스로 열심히 생각하고 노력하지 않으면 찾을 수 없다. 독서의 의미를 책 속에서만 찾으려고 하지 말자. 책을 통해 변화하고 성장한 스스로의 모습 안에서 찾아야 한다. 진짜 힌트는 감춰져 있다.

나를 알아야 좋은 책을 고를 수 있다

무지를 아는 것은 곧 앎의 시작이다.
- 소크라테스

"요즘 무슨 책이 좋을까?" 하면서 내게 읽을 책 좀 추천해달라는 사람들을 만날 때면 정말 난감하다. 그들이 지금 어떤 고민에 놓여 있는지, 무슨 계획이 있는지, 내가 상대방에 대해 알지 못하는 상황에서 어떻게 책을 추천해줄 수 있단 말인가. 그럴 때는 무가지나 서점 홈페이지에서 자기 마음에 와 닿는 책을 한 권 고르는 편이 훨씬 더 낫다고 조언한다. 왜 샀는지 모를 만큼 읽기도 어렵고, 어렵게 읽었는데 느낀 것도 깨달은 것도 없다며 괜히 샀다고 후회할 수는 있겠지만, '왜 그런 책을 추천했느냐'는 원망 따위는 하지 않을 것이기 때문이다. 언젠가 지인에게 《소크라테스의 변명》을 추천해준 적이 있는데, 얼마 후 만났을 때 잘 읽고 있느냐고 물었더니 읽지 못하고 있는 'ㅇㅇㅇ의 변명'만 주저리주저리 늘어놓았다. 박웅현의 《책은 도끼다》를 보면 이 같은 고민에 대해 서술한 부분을 만날 수 있다.

"파도타기를 해보진 않았지만, 책읽기는 파도타기와 비슷하지 않을까 싶습니다. 파도타기는 잘하면 아주 재미있지만, 잘못하면 물만 먹고 말 겁니다. 책도 마찬가지가 아닐까요? 어떤 책은 찍어 읽어야 하고, 어떤 책은 흘려 읽어야 하고, 어떤 책은 문맥으로 읽어야 하는데, 그게 안 잡히면 책이 재미없는 겁니다. 이렇게 물만 먹다 포기할까 봐 책을 함부로 추천하지 않습니다. 누군가 제게 어떤 책이 좋으냐고 물었을 때 대뜸 제가 좋아했던 《현대물리학과 동양사상》을 추천했다고 칩시다. 물론 누군가는 저와 같은 감동을 받을 수도 있지만, 누군가는 어려워하며 지레 포기할 수도 있습니다. 잘못된 추천으로 책을 덮어버리게 할 수 있는 것이죠. 하지만 천천히 시간을 두고 이야기하면서 준비운동을 제대로 하면, 대부분 파도 위에서 물살을 즐기게 됩니다."

배움의 독서에서 가장 중요한 것은 자신의 관심사가 무엇인지 스스로 파악해야 한다는 점이다. 자신의 관심사를 알면 무엇을 배워야 하는지, 어떤 책을 읽어야 하는지 자연스럽게 알게 된다. 자신이 좋아하는 책은 자기 자신이 가장 잘 알고 있다. 아무리 좋은 책이라고 해도 내 속에 들어와 내 안에서 울림을 만들지 못한다면 아무런 의미가 없다. 권위 있는 기관의 권장도서 100권을 읽었다 할지라도 내가 재미있게 읽지 못했다면 아무 소용이 없는 것이다. 책을 읽는다는 것은 책과 교감하는 것이다. 고전을 존중하면서도 그것을 소화할 자기 자신을 존중하지 않는다면 교감은 일어나지 않는다. 나를 존중하는 책읽기 태도가 무엇보다 중요하다. 책의 권위에만 의지할 것이 아니라 나와의 교감에 첫 번째 포인트를 두는 것이 책에 접근할 수 있는 가장 좋은 방법이다.

한 번 읽어서는 좋은 책인지 아닌지 판단할 수 없는 경우도 있다. 이는 인간관계에서 나와 맞는 사람을 첫눈에 알아보는 경우도 있지만 두 번, 세 번 반복적으로 만나면서 좋은 사람임을 알게 되는 경우와 마찬가지다. 예를 들면, 생떽쥐베리의 《어린 왕자》를 10대에 읽었다 하더라도 20대, 30대가 되어 다시 읽어보면 분명 느낌이 다르다. 어느 위치에서 어떤 관점으로 바라보느냐에 따라 책과의 교감이 달라지기 때문이다. 또한 예전에 읽어본 적이 있는지조차 의심스러울 만큼 낯설게 느껴진 책이었는데, 두 번째 만남에서는 전혀 다른 느낌을 얻게 되는 경우도 있다. '이렇게 좋은 책이었는데 왜 그때는 재미를 느끼지 못했을까?'라고 생각하면서 말이다. 처음 읽었을 때는 아무런 감흥을 얻지 못했던 책이라도 두 번째 읽었을 때 나에게 맞는 좋은 책으로 다가올 수도 있다. 앨런 제이콥스는 《유혹하는 책읽기》에서 10년의 시간차를 두고 《안나 카레니나》를 읽은 것에 대해 다음과 같이 이야기한다.

"그 책을 세 번째 통독하는 중에 그 구절을 읽으면서 나는 처음으로 눈물을 흘렸다. 불과 몇 달 전에 내 아들이 태어났기 때문에 나는 레빈의 감정을 이해할 수 있었다. 독자로서 이 같은 경험은 단순하고 직접적인 변화였다. 나는 한때 눈이 멀었지만 그제야 눈을 떴다.”

“다시 읽기의 불가사의한 점이란 바로 그런 것이며, 독서를 즐기고 좋아하는 사람에게 이보다 더 중요한 주제는 없을 것 같다. 우리 대부분은 책 읽는 속도가 너무 빠를 경우에 읽는 책의 숫자가 많아지고, 결국은 숫자에 집착해 어리석게도 우리가 읽은 책으로 돌아가려고 하지 않는다. 내 사례를 통해 보듯이 가치 있는 어떤 책과의 첫 번째 만남이 항상 완벽할 수 없는데도 우리는 대체로 그 첫 번째 만남을 마지막 만남으로 만드는 과오를 저지르는 것이다. 하지만 책 읽은 티를 내고 싶어 하는, 자신의 ‘버킷리스트’에 들어 있는 책을 지워나가는 사람들은 같은 책을 다시 읽는다는 생각에 혐오감을 드러낸다. 그럼에도 똑같은 책을 여러 번 읽는 행위는 때때로 새로운 작품을 만나는 것보다 더 의미 있고, 극적이며, 새로운 경험이 될 수 있다.”

– 앨런 제이콥스의 《유혹하는 책읽기》 중에서

최고의 책은 우연히 찾아온다. 두 번째 읽은 책에서 발견할 수도 있고, 우연한 기회에 책과 관계없는 어떤 것, 즉 어떤 경험이나 기회에서 발견할 수도 있다. 나에게 필요한 것이 무엇인지 나는 이미 알고 있었을지도 모른다. 우연한 기회에 서점에 들렀다가 책장에 진열된 수많은 책

중에서 나에게 맞는, 지금 나에게 필요한 책 한 권을 고른다는 것은 확률적으로 따져도 기적에 가까운 일이다. 책은 뜻하지 않고 예상치 못한 부지불식간에 우리에게 찾아온다. 사람은 자신도 몰랐던 자신의 좋은 모습을 발견하게 될 때 가장 뿌듯함을 느끼지 않을까 싶다. 내가 무엇을 좋아하고, 어떤 일을 잘하며, 어떤 삶을 살기 희망하는지 알고 있다는 것은 경쟁력을 갖고 있는 것과 같다. 일 속에 빠져 허우적대다가 문득 진정한 자신을 찾고 싶어지거나, 그 안에서 자신의 생활을 영위하고 싶은 생각이 드는 것은 자아가 있는 인간이라면 당연한 일이다. 그러나 진정한 자신을 찾는 일은 생각만으로는 안 된다. 취미든 자기계발이든 자신을 찾도록 하는 일련의 작업이 필요하다. 그런 점에서 책은 혼자서도 어렵지 않게 자신을 찾을 수 있도록 도와주는 최고의 도구다. 책을 통해 남의 생각을 알게 되고, 내 생각의 현주소를 알게 되며, 남의 생각과 내 생각을 비교하고 반추해봄으로써 진짜 자기 자신을 찾을 수 있다.

어둠이 있어야 빛을 인지하는 것과 마찬가지로 남을 봐야 자신의 위치를 정확히 알게 된다. 타인의 위치와 비교해보지 않고서는 자신의 위치를 알 수 없다. 남들을 보고 그들이 말하는 것을 들으며 그들의 생각과 접할 때 자신의 모습과 말과 생각이 그들과 어떻게 다른지 깨닫게 된다. 어쩌면 우리는 자신이 원하는 것이 무엇인지 파악하기까지 그 질문에 대한 의식조차 없었을지 모른다. 목표가 분명하면 결정력과 실행력은 비약적으로 성장한다. 그 모든 것의 출발점은 진짜 자기가 원하는 것을 아는 것에 있다.

어느 날 책장에 꽂힌 책을 보고 문득 이런 생각이 들었다. '책이 있어서 다행이다. 힘들거나 극복해야 할 시련이 닥쳐도 이것들을 의지하면 되겠지.' 책은 그 자체로도 나에게는 믿을 구석이 되어 준다.

'책이라는 믿을 구석.'

건축가 승효상 소장은 한 인터뷰에서 "서재란 내 건축의 에너지"라고 하면서, "서재를 보면 수천 명의 사람이 나를 도와주고 있다는 생각이 들어서 힘이 나고 용기도 얻는다."고 했다. 나도 그렇다. 책은 나에게 '믿을 구석', 즉 '든든한 빽'이 되어준다.

책을 읽을수록 세상은 배울 것도 많고 해볼 것도 많은 기회와 도전의 장이라는 사실을 깨닫게 된다. 세상이 살아볼 만한 곳이라는 생각이 들게 하는 것, 힘들고 팍팍한 세상을 긍정적으로 볼 수 있게 해주는 힘이 되는 것, 그것이 바로 책이다.

살고 있다는 것 자체가 큰 축복이라는 생각이 들 때 우리는 큰 기쁨을 느낀다. 나와 동시대에 태어나 살아줘서 고마운 사람을 찾는 기쁨은 무엇을 소중히 여기는지 스스로 아는 사람만이 누릴 수 있다. 같은 가치관을 가진 사람을 만난다는 것은 그 무엇과도 비교할 수 없는 행운이다. 나 또한 타인에게 이러한 영감을 주는 사람이고 싶다. 그래서 오늘도 읽는다. 내가 무엇을 원하는지 알기 위해서.

때로는 책을 덮자

내가 숲속에 들어간 이유는 신중한 삶을 영위하기 위해서다.
그리고 인생에서 꼭 알아야 할 일을 과연 배울 수 있는지 알아보기 위해서,
죽음의 순간에 이르렀을 때 제대로 살지 못했다는 사실을 깨닫지 않기 위해서였다.
- 헨리 데이비드 소로

책을 읽고 있을 때는 책에 집중하기 때문에 아이디어가 솟아나올 틈이 없다. 읽는 것을 멈추고 다른 행동으로 뇌의 회로를 바꿔주면, 비로소 자신의 경험과 생각들이 책과 어우러져 연결되고, 이것이 창의적인 생각으로 이어진다. 글을 써야 할 시점이나 무언가 적어야 할 타이밍에 아이디어가 떠올라주면 고마울 터인데, 얄밉게도 그렇지 않다. 준비되지 않은 자는 아이디어를 가질 자격조차 없는 것인지, 단지 뇌리를 스쳐 지나는 것으로 끝을 맺는다. 아이디어는 꺼내고 싶을 때마다 꺼낼 수 있는 것이 아니라 느닷없이 찾아든다. 그래서 책을 어느 정도 읽었다 싶으면 더 이상 정보를 받아들이기보다는 생각을 정리하는 시간을 갖는 것이 중요하다. 더 많은 책을 읽는 것보다 잠시 책을 덮고 집중해보는 시간을 갖는 것이 훨씬 생산성 있는 일이 될 수 있다. 구글에서는 매주 특정일 오후에 직원들이 회사 주변을 산책하거나 달릴 수 있도록 자유 시간을

준다. 기분 전환을 통해 좋은 생각들을 끌어올 수 있도록 하기 위한 취지다. 화장실 외에는 창의성과 먼 생활을 할 수밖에 없는 우리나라와 비교해볼 때 부러운 조직문화가 아닐 수 없다.

"경쟁자는 두렵지 않다. 경쟁자의 '생각'이 두려울 뿐이다."라고 말한 마이크로소프트의 창업자 빌게이츠는 '생각 주간think week'을 만들어 1년에 두 차례 짐을 꾸려 홀로 호숫가 통나무집으로 간다. 거기서 아무에게도, 그 무엇에도 방해받지 않은 체 자신만의 생각에 몰입한다. 그는 2주일 남짓한 시간 동안 그 누구보다도 치열하게 일한다. 자신의 내면을 들여다보고 또 들여다보면서 새로운 가치와 전략을 길어 올리는 데 몰두한다. 생각에 몰입하고 열중하는 시간을 의도적으로 설정함으로써 그는 세상을 바꿔나가고 새로운 전략을 창조해낸다."

소프트뱅크의 손정의 회장은 아무리 바빠도 하루 10분은 반드시 자신의 생각에 몰입하는 시간을 가졌다고 한다. 워런 버핏 또한 "출근하면 나는 책상에 앉아 먼저 천장을 바라본다. 그러면서 투자의 캔버스 위에 무슨 그림을 그릴까 생각한다. 그렇게 나는 1년에 50주는 생각하는 데 쓰고, 남은 2주만 일한다."고 했다.

그들은 오롯이 나홀로 생각에 집중할 수 있는 공간과 시간을 만들어

적극적으로 활용했다. 그 시간을 통해 사람들에게 감동을 주는 작품을 만들었고, 인류 발전에 기여할 수 있는 화두와 아이디어를 이끌어냈다. 생각의 시간은 재능과 창조적인 가치를 발견하는 기회를 마련해준다. '얼마나 빨리 많은 양의 결과를 창출할 수 있는가'로 성공여부를 결정하던 시대는 지나갔다. 누구보다 탁월한 성공을 거두고 싶다면 양적인 결과물이 아니라 가치 있는 질적 결과물을 만들어낼 수 있어야 한다. 그러한 가치 있는 결과를 창출해낼 수 있는 가장 빠른 방법이 바로 '생각의 시간'을 갖는 것이다.

잠에서 깨어 하루를 시작하기 전에 '생각의 문'을 통과한 날과 그렇지 못했던 날을 비교해보자. 24시간의 질이 얼마나 달라지는지 경험할 수 있을 것이다. 오늘 하루를 어떻게 보낼 것인지 짧게나마 생각할 시간을 가진 날에는 허둥대는 일도 적고, 시간을 허투루 쓰게 되는 일도 드물다. 그러나 그렇지 못한 날에는 물건을 빠뜨리고 다니는 것 같은 허전한 기분이 들고, 정리되지 않은 계획 때문에 시간의 빈틈이 생겨도 아무 일도 하지 못한다. 생각을 정리한 후에는 그것을 글로 남겨두는 것이 좋다. 이는 머릿속으로만 생각하는 것보다 훨씬 더 생산적이다. 머릿속에 입력된 생각을 손을 통해 출력하고 눈으로 봄으로써 피드백하는 시스템은 우리의 뇌 속에 저장되어 언제든지 꺼내어 쓸 수 있도록 생각을 구조화시켜 놓는다.

"당신에게는 생각 주간이 있는가? 이렇게 정보와 지식을 걸러내고 한 단계 업그레이드를 하기 위한 시간이 있는가? 이는 사소하게 생각할 문제가 아니다. 누군가의 전략을 책에서 읽고 모방하는 것 역시 지렛대를 활용하는 하나의 방법이다. 당신은 누구를 모방하고 있는가? 어떤 사람의 전략을 지렛대 삼아 삶의 목표로 향해 가고 있는가? 우리는 책 속에서 빌게이츠를 만나고, 톰 피터스와 대화를 나누며, 필립 코틀러Philip Kotler에게 경영학을 배운다, 책 속에서는 누구든 나의 지렛대가 될 준비가 되어 있다. 그들을 활용하지 않는 것은 전적으로 자신의 문제일 뿐이다. 세상에는 훌륭한 지렛대들이 너무나 많다. 당신이 워렌 버핏, 빌 게이츠보다 바쁘다 하더라도 그 사실이 책읽기라는 지렛대를 적극적으로 활용하지 못할 핑계는 되지 않는다."

– 박성후의 《포커스 리딩》 중에서

현대인들은 생각하는 것 자체가 고통이라고 한다. 생각은 머리를 복잡하게 만드는 것이기 때문에 생각 같은 것은 안 하고 사는 편이 정신건강에 좋다고 믿는다. 물론 쓸데없는 걱정 같은 불필요한 생각은 버리는 것이 맞다. 하지만 우리는 생각하지 않고 살기 때문에 더 바쁘고 더 복잡하고 더 힘든 삶을 살고 있는 듯하다. 늘 시간에 좇기며 주어진 일만 하고 살 뿐 정말 중요한 일에 대해서는 생각할 시간도, 생각할 이유도 찾지 않는다. 스콧 니어링는 "생각하는 대로 살지 않으면 사는 대로 생각하게 된다."고 했다. 생각의 시간은 선택이 아니라 필수다. 빌 게이츠처럼 생각 주간을 갖기 어렵다면 손정의 회장처럼 하루 단 10분 만이라도 자신의 생각에 집중할 수 있는 시간을 확보해보자. 평생 동안 일에만 파묻혀 허우적거린다면 일도 삶도 제대로 양립할 수 없다. 바쁠수록 생각에 몰두해보자. 가치를 만들어내는 생각이란 단지 생각하기 위한 시간만을 떼어 의도적으로 만든 명확한 시간 속에서 이루어진다.

"아이디어가 잘 떠오르는 장소 세 곳이 있습니다. 바로 우리가 일상적으로 접하게 되는 통근버스, 침대, 화장실입니다. 저는 지하철 통근 시간에 반짝이는 아이디어가 가장 많이 떠오릅니다. 지하철이 한산해 책을 읽을 수 있는 상황이라면 독서에 몰두하기도 하지만 보통은 사람이 많아서 책을 읽기는커녕 손을 자유롭게 움직이기도 어렵습니다. 아마 여러분도 공감할 것입니다. 그럴 때 저는 '생각하는 시간'을 갖습니다. 먼저 지하철을 타기 전에 생각할 만한 주제를 몇 가지 정해둡니다. 손을 쓸 수 있는 상황이라면 생각한 내용을 메모합니다. 그러나 가끔은 손잡이도 잡기 힘든 때가 있습니다. 그때는 눈을 감고 생각에 몰두합니다. 그리고 지하철에서 내린 뒤 메모를 작성합니다. 출퇴근은 매일 반복되는 일상이기 때문에 그 시간을 효율적으로 잘 활용하는 사람과 그렇지 않은 사람의 차이는 클 수밖에 없습니다. '생각하는 시간'을 실행하는 가장 좋은 방법은 항상 고민할 만한 주제를 한두 가지 정도 생각해두는 것입니다."

– 니시나리 가쓰히로의 《이것은 생존을 위한 최소한의 생각법이다》 중에서

바쁜 일상에 쫓기는 현대인들이 얼마나 많은 것을 잃고 사는지 여실히 보여주는 한 실험이 있다. 〈워싱턴 포스트〉지의 칼럼리스트이자 작가인 진 바인가르텐은 유명한 바이올리니스트가 300년 넘은 고가의 바이올린을 들고 얼굴을 가린 채 지하철역에서 공연을 한다면 무슨 일이 벌어질지 궁금했다. '통제가 불가능할 만큼 사람들이 몰릴까? 아니면 너무 바빠서 알아차리지도 못할까?' 그는 그래미상을 수상한 바이올리니스트 조슈아 벨을 설득해 이를 실행에 옮겼는데, 그 결과는 예상외로 참담했다. 벨이 연주하는 45분 동안 단 7명 만이 가던 길을 멈추고 1분 동안 연주를 들었으며, 그곳을 지나쳤던 나머지 1,070명은 연주 따위는 안중에도 없었던 것이다. 이 실험을 마친 바인가르텐은 다음과 같은 질문을 던진다.

"이 세상에서 가장 뛰어난 음악가 중 한 사람이 역사상 가장 멋진 곡을 연주하는 소리도 인식하지 못하는 삶이 과연 얼마나 가치가 있겠는가?"

멈추지 않는 분주함이 때로는 자신을 쓸모 있는 사람으로 느껴지게

할 수도 있다. 하지만 이는 착각에 불과하다. 세상에 만들어놓은 가치와 룰rule 속에 얽매여 자신의 가치를 잃은 채 살아가고 있을 뿐이다. 생각하기 위한 낯선 공간으로 떠나보자. 타인과 연결되어 있지 않다는 불안감에서 벗어나보자. 매체에 노출되는 시간이 늘어날수록 다른 사람들의 생각이 여과 없이 들어오고, 자기 스스로 생각할 힘을 잃게 된다. 만약 인생에서 진정 중요한 것을 발견하고 싶다면 주머니 속에서 쉴 새 없이 울리는 휴대폰의 알람을 무시하자. 메일함을 닫고 트위터와 페이스북의 메시지를 멈춰보자. 온전히 침묵 속에서 홀로 있을 때 비로소 생각의 잔가지를 쳐내고 마음을 비워낼 수 있다. 조용히 앉아 내면을 들여다볼 수 있는 장소에서 홀로 생각할 수 있는 시간을 가질 때 인생은 그 속에 숨겨놓았던 보물을 보여줄 것이다. 조용히 생각할 수 있는 나만의 장소를 찾아보자. 그곳에 나만의 '발견'이 기다리고 있을 것이다.

무기력할 때는 소리내어 책을 읽자

지금부터 5년 후의 내 모습은 두 가지에 의해 결정된다.
지금 읽고 있는 책과 요즘 시간을 함께 보내는 사람들이 누구인가 하는 것이다.
– 찰스 존스

바쁘게 살다보면 아무런 이유 없이 자꾸만 지치고 피로가 쌓인다. 일명 '귀차니즘'으로 해석되는데, 숨 쉬는 것 이외에는 모든 것에서 벗어나 아무것도 하고 싶지 않다. 업무가 많고 제대로 휴식을 취하지 못한 채 바쁘게 사는 현대인들은 이러한 무기력증을 넘어 우울증이나 번아웃burn out 증후군까지 겪기도 한다. 번아웃은 '무언가가 다 소진된'이라는 뜻으로, 의학적으로는 신체적 또는 정신적으로 극도의 피로감에 달한 상태를 말한다. 어느 순간 자신이 하는 일에 회의감이 느껴지면서 의욕 상실과 슬럼프에 빠지게 되는 증상이다. 현대인에게 스트레스가 불가피한 것이라면 '스트레스를 어떻게 관리할 것인가?'라는 문제가 남게 되는데, 스트레스를 푸는 방법으로 자거나 먹는 등의 일시적이고 감각적인 해소법보다 더 나은 방법이 있다고 한다.

영국의 서섹스 대학교 데이비드 루이스 박사 팀의 연구결과에 따르면, 스트레스 해소법으로 가장 효과적인 방법은 독서라고 한다. 독서, 산책, 음악 감상, 비디오 게임 등 각종 스트레스 해소 방법들이 스트레스를 얼마나 줄여주는지 조사한 결과, 6분 정도 책을 읽으면 스트레스가 68퍼센트 감소하고, 심박수가 낮아지며, 근육의 긴장이 풀어지는 것으로 밝혀졌다. 물론 다른 활동들도 스트레스를 줄여주기는 하지만, 독서에는 미치지 못하는 수준이었다. 게임의 경우에는 스트레스는 줄어들지만 심박수가 높게 나타났다. 이 연구를 진행한 루이스 박사는 "독서는 현실에서 탈출하고 싶은 욕구를 충족시켜준다. 어떤 책을 읽는지는 중요하지 않다. 다만 작가가 만들어놓은 상상의 공간에 빠져들어 일상의 스트레스와 걱정으로부터 탈출할 수 있으면 된다."라고 전했다.

스트레스를 줄이고 무기력감을 이겨내기 위한 방법으로 독서를 꼽는 것과 더불어, 책을 효과적으로 읽는 방법으로 나는 음독音讀을 권한다. 내가 초등학교 다닐 때만 해도 한글을 떼지 못하고 입학하는 아이들이 많았다. 지금이야 한글은 기본이고 영어까지 선先 수학한 후 초등학교에 입학하지만, 그 시절에는 동네에서 유치원에 다닌 아이가 열 명 중에 한 명 있을까 말까 했으니 한글을 학교에 입학해서 배우는 것이 어쩌면 당연했다. 2학년 국어시간, 선생님께서는 수업 끝나기 10분 전쯤 교과서 읽기를 시키셨다. 지목받은 학생이 책을 읽기 시작하여 읽다가 틀리면 다른 학생이 재빨리 일어나 틀린 부분에서부터 이어서 읽는 '책읽기 릴레이 시간'이었다. 틀린 부분을 찾기 위해서는 책에서 눈을 떼지 않고 글자를 쫓다가 틀린 부분을 알아챘을 때 다른 아이들보다 먼저 일어나는 순발력을 겸비해야 하는 그야말로 고난이도 집중력 훈련(?) 시간이었다. 나는 이 시간을 가장 기다렸다. 여름방학이 끝나고 책 읽는 시간이 없어져서 아쉬웠지만, 어쨌거나 나는 책을 읽기 시작하면 수업 마치는 종소리가 들릴 때까지 실수 없이 읽어 내려갔다. 그런데 틀리지 않게 읽는 것도 중요했지만, 틀린 부분을 알아차렸을 때 누구보다 먼저 일어나 바통을 이어받는 순발력이 필요했는데, 나는 나만의 방법으로 이 기회를 자주 잡을 수 있었다. 누군가 읽기 시작하면 '언제 틀리나보자' 하면서 그 아이가 읽는 위치를 눈으로만 쫓는 것이 아니라 읽는 아이보다 한 문장 앞서 읽어두는 것이다. 그리고 문체가 어렵거나 발음을 정확히 해야 하는 단어를 찾아두고 기다린다. 그러면 십중팔구 내가 체크해놓은 곳에서 틀린다. 미리 잘못 읽을 것이라고 예상했기 때문에 멍하니 눈으로만 따라 읽던 아이들보다 0.5초 정도 빠르게 읽을 수 있는 기회를 잡을 수 있다. 나는 그때 소리 내어 책을 읽는 것이 재미있다는 것을 처음 알았다. 물론 친구들과의 경쟁이 있었기 때문에 더 즐겁게 느껴졌을지도 모른다.

임용교육을 받을 때의 일이다. 경상도, 충청도, 전라도, 강원도 등 합격자들이 전국 각지에서 모여들었기 때문에 여기저기 지방 사투리들이 난무했다. 나는 전라도 사투리를 들키기 싫어서 최대한 티 안 나게 서울말씨를 쓰려고 애썼다. 하지만 이러한 나의 노력은 단 하루 만에 물거

품이 되고 말았다. 교육시간에 교재를 읽으면서 나름 지방색이 드러나지 않도록 억양을 죽이고 읽었는데, 책을 다 읽고 나자 어디선가 "풋~" 하는 소리가 들렸고, 순간 나는 '내가 글씨를 잘못 읽었나?' 하는 생각에 잔뜩 긴장했다. 그런데 교육이 끝나고 쉬는 시간에 교육생 중 막내가 다가와서 "누나, 책 읽는데 억양이 너무 웃겼어요."라고 말했다. 나보다 더 웃긴 대구 말씨를 쓰면서 말이다. 그때 '말을 할 때는 의식적으로 사투리를 감출 수 있어도 책을 읽을 때는 그렇지 못하는구나'라는 것을 느꼈다. 그 후로부터는 억양도 고칠 겸 일부러 음독을 즐긴다. 책을 읽다가 남에게 설명해주고 싶은 내용을 발견하면 강의하듯이 사례를 읽어보거나, 정말 잘 쓴 글 또는 가슴 깊이 새겨 간직하고 싶은 글귀 등을 만나면 꼭 한 번씩 소리 내어 읽는 습관을 갖게 되었다. 그러나 음독은 장소와 주위환경에 영향을 받을 수밖에 없기 때문에 집에서 혼자 있을 때만 실천하는 편이다.

원래 책읽기는 음독을 의미하는 것이었다. 예로부터 묵독은 책 내용을 독자적으로 해석할 수 있기 때문에 매우 위험한 행동으로 여겼다고 한다. 활자로만 적힌 단어들은 죽어 있는 것이라고 해서 목소리로 생명을 불어넣어야 비로소 살아 있는 글자라고 생각했다. 고대 수메르인은 "책장에 쓰여 있는 단어는 아무런 움직임 없이 죽어 있지만, 큰 소리로 외쳐지는 단어는 날개를 달고 훨훨 날아간다."고 했다. 중세 유럽에서도 그러했고, 가까운 일본, 중국, 우리나라도 마찬가지였다. 휘영청 밝은 달밤 책 읽는 소리 낭랑했던 옛 선비들의 모습, 서당에서 훈장님의 책 읽는 소리를 따라 읽었던 모습만 떠올려봐도 그렇다.

《독서는 절대 나를 배신하지 않는다》의 저자 사이토 다카시는 음독은 10번 읽는 효과를 발휘하여 평생 지식이 된다고 한다.

> "소리 내어 책을 읽으면 묵독에서 얻을 수 없는 여러 가지 효과를 얻을 수 있다. 첫 번째로 오래 기억에 남는다. 눈으로 보고 입으로 소리 내어 읽으며 다시 자신의 귀로 듣는 과정 속에서 여러 개의 감각이 동시에 활성화되어 인간의 뇌를 자극한다. 실제로 음독을 할 때 뇌를 관찰한 실험 결과에 따르면, 전두엽이 눈에 띄게 활성화되며 음독 후 기억력이 묵독에 비해 20퍼센트 더 높은 것으로 나타난다고 한다. 즉 음독을 하면 주의력이 높아져 집중하기가 훨씬 쉽고, 흘려버릴 수 있는 문장도 오래 기억하게 된다. 소리로 습득한 지식은 몸과 머릿속에 스며들어서 언제라도 꺼내 쓸 수 있도록 서랍에 넣어둔 것과 비슷하다."

책을 처음부터 끝까지 소리 내어 읽는 것은 눈으로 읽는 것보다 훨씬 고된 일이다. 아이에게 책을 읽어줘본 경험이 있는 사람들은 알 것이다. 특히 동화책을 읽을 때는 국어책 읽듯이 읽으면 아이가 지루해하므로 이야기를 하듯이 나긋나긋하게 읽어줘야 한다. 또한 대화체에서는 그에 맞는 목소리로 흉내도 내야 한다. 처음 한 권은 신이 나서 읽을 수 있지만 "엄마, 또~ 또~"로 시작된 네버엔딩 책읽기는 정말 헝그리정신이 아니면 이루어내기 힘들 만큼 고된 일이다.

일상에 지치고 삶의 의욕이 부족해졌다면 단 몇 줄만이라도 좋으니 자신의 목소리로 책을 읽어보자. 처음 자신의 목소리를 들으면 낯설고 부끄럽게 느껴질 수도 있다. 그러나 곧 아나운서처럼 멋진 목소리를 낼 수 있는 방법을 찾기 위해 의식적으로 노력하고 있는 자신을 만날 것이다. 소리 내어 읽으면 묵독으로 읽었을 때는 몰랐던 새로운 면을 발견하게 될 뿐만 아니라 책의 감동을 훨씬 더 키울 수 있다. 초등학생 시절로 돌아가 등을 곧게 펴고 음독을 해보자. 자세를 똑바로 하고 책을 읽으면 흐트러진 마음가짐이 바르게 서며 머리가 맑아지고 몸속 깊은 곳에서 활력이 넘쳐나는 것을 느낄 수 있다. 지금 무기력하다면 당장 해야 할 일은 소리 내어 책을 읽는 것이다. 음독으로 무기력함을 극복해보자.

읽지 않으면 기회를 잃는다

우리가 나아지면 나아질수록 우리가 나아질 수 있는 능력 또한 더 커진다.
- 더글러스 앵겔바트

새해가 되어 사람들에게 소망을 물어보면 대부분 전년도에 이루지 못해 아쉬움으로 남았거나 올해 꼭 해보고 싶은 일에 도전하는 것을 꼽는다. 이 모든 것들은 자기계발을 위한 노력의 연속선상에 있음을 의미한다.

"요새 책을 안 읽었더니 머리가 복잡해 죽겠어요." 더 바쁜 부서로 이동한 후 예전만큼 책을 읽지 못함을 안타까워하며 한 후배가 말했다. 얼핏 들으면 '책을 안 읽으면 머리가 개운해져야지 왜 복잡해질까?' 하고 생각할 수도 있을 것이다. 하지만 나는 이 후배의 말에 전적으로 동감했다. 실은 머릿속이 복잡해진 것이 아니라 텅 비어버려 잡념만 그득해지니 체계적이고 정리된 삶을 살지 못해 주변이 혼란스러워졌기 때문일 것이다.

'여름살이'라는 나만의 경험으로 정의한 단어가 하나 있다. 고등학교 1학년, 그해 여름은 유난히도 더웠다. 한 달 남짓한 방학 동안 피서지로 휴가를 가거나 시골 친인척 집에 가서 보내는 아이들도 있었지만, 대부분의 아이들은 나처럼 방학 내내 집에 있었다. 또한 2학기 예습을 하거나 부족한 과목을 보충하기 위해 학원을 다니는 경우를 제외하고는 대부분 집에서 보내는 시간이 많았다. 지금이야 스마트폰 없는 세상이 상상이 안 가지만, 스마트폰은 고사하고 컴퓨터도 없던 시절이니 'SNS Social Network Service'라는 게 있을 리 없었다.

방학 동안 내가 한 일이라고는 집안일을 돕거나 좋아하는 가수의 새 앨범을 사기 위해 친구와 만나 서점 2층에 있는 햄버거 가게에서 햄버거를 사 먹으며 '우리는 앞으로 뭐가 될까?'를 고민하는 것이 전부였다. 여름은 녹아내릴 듯이 더웠고, 나는 허기지고 목말랐다. 누군가 붙잡고 내가 모르고 있는 것에 대해 끊임없이 묻고 또 묻고 싶었다. 내가 모르는 것이 너무 많다는 사실과 현재의 나를 중심으로 '나는 무엇인가?'에 대한 물음에서 출발하여 인간과 사회와 세계에 대해 더 많이 알고 싶다는 욕구 사이에서 허덕였다. 나는 세상을 보는 눈 하나를 더 얻고 싶었다. 그때 누군가 책의 세계로 나를 인도했다면, 끊임없는 호기심과 탐구욕이 활활 타오르던 시절에 책이라는 연료를 제공받았다면 인생이 달라질 수도 있었을 것이다. 진즉에 책이라는 세상에 발을 담글 수 있었다면 지금의 내가 어떠한 모습으로 변했을지 사뭇 궁금하다. 지금이라도 늦지 않았음을 깨닫게 되어 다행이지만, 인생의 수많은 기회들이 달아나버렸음을 생각하니 지나간 시간이 아깝고, 적절한 기회와 타이밍을 잡지 못했음이 안타깝다.

언제부턴가 우리는 책을 읽지 않아도 사람들과 소통하는 데 아무런 문제없는 세상에 살고 있다. 책 제목은 몰라도 노래 제목이나 가수, 배우의 이름은 알아야 대화에 낄 수 있다. 오락프로그램에 등장한 연예인의 일거수일투족에 관해서는 집요하게 물고 늘어지면서도 자신에 대한 탐구와 사색은 뒷전이다. 책은 읽어도 그만, 안 읽어도 그만일까? 책은 가까이하고자 하는 욕심만큼 가까이하기가 힘들다. 책보다는 TV가 편하고, 인터넷이나 스마트폰 화면을 보는 것이 훨씬 익숙하기 때문이다. 고학력에 다양한 스펙을 가진 사람들이 넘쳐나는 세상, 하지만 더 이상 학력과 스펙만으로는 경쟁력을 높일 수 없게 되었다. 시대는 계속 변하고 있으며, 변하는 만큼 사회가 요구하는 것도 다양해졌다. 그런데도 우리는 차별성 없는 정보나 지식을 얻기 위해 많은 시간을 허비하고 있지는 않은가? 어제의 것은 오늘 더 이상 새롭지 않으며, 정보와 지식은 계속 바뀐다. 시대를 앞서가는 사람들은 지속적으로 책을 가까이한다. 정보와 지식을 자신이 알고 있는 선에서 멈추지 않고 다방면으로 축적하고, 자신만의 경험과 창의적인 생각을 더하여 깨달은 지혜를 삶에 적용시킨다. 이것이 그들이 직관과 통찰력을 얻는 비결이다.

요즘 아이들의 책읽기를 보자. 초등학교 입학하기 전에 책을 읽기 시작하여 중학교 올라가기 전까지 가장 많이 읽는다. 나이가 들수록 책을 읽는 인구나 책 읽는 수준, 독서량이 늘어나는 게 정상인데, 우리나라는 거꾸로다. 유난히 유아교육시장이 발달하여 창작, 수학, 과학, 경제, 자연관찰, 전래, 명작, 영어 등 분야별 책도 다양하다. 또한 말도 배우기 전에, 한글도 깨우치기 전에 부모가 책을 읽어주면서 독서의 중요성을 운운한다. 하지만 이러한 독서 열기는 성인이 될 때까지 쭉 이어지지 않는다. 중학교에 들어가는 순간부터 더 이상 입시와 무관한 책은 읽을 수 없고, 심지어 책 읽는 시간을 손해라고 생각한다. 실제로 어느 한 고등학교에서는 학생이 쉬는 시간에 《해리포터》를 읽고 있자, 선생님이 "수학 문제나 하나 더 풀라."고 말하며 책을 압수했다고 한다. 문제집이 아닌 책을 읽고 있으면 다들 한심하다고 생각하는 것이다. 학생들도 마찬가지다. 책 읽는 학생들이 오히려 배척당하고 '찌질이'가 되는 시대, '문학소녀'와 '문학소년'을 꿈꿨던 아이들은 다 어디로 갔을까? 선진국 청소년들이 삶과 죽음, 그리고 사회를 읽고 있을 때 한국의 청소년들은 공부의 기술을 읽는다. 책 읽는 학생이 오히려 배제되는 것이 지금의 대한민국 중고교 교실의 풍경이다.

교정에 머물던 '독서하는 소녀상'을 기억하는가? 학교 정원에 세워진 여타의 푸른빛 동상들과는 달리 곱슬머리에 리본 달린 챙 모자를 쓰고 한쪽 다리를 꼬고 앉아 책을 읽고 있던 하얀 석고상 말이다. 내가 그 소녀를 우러러보며 동경심을 가졌던 것은 그 소녀가 책을 읽고 있었기 때문이 아니라 우리와는 다른, 이질적인 모습의 낯섦 때문으로 기억하고 있기 때문이다. 여하튼 소녀의 책 읽는 모습이 나를 설레게 했던 것만은 사실이다. 70년대 초반 학교공원화 운동이 시작되고 교정에 동상을 세우는 것이 유행처럼 번졌을 때 다른 동상들과 함께 들어섰던 '독서하는 소녀', 소녀는 이제 그만 책을 덮는다. 그리고 자리를 털고 일어나 가버린다. 왜 떠났느냐고? 책을 읽으면 '찌질이'로 통하는 학교 정원에 '뻘쭘'하고 '쌩뚱'맞게 앉아 있을 필요가 없으니 떠나는 게 마땅하지 않겠는가. 밤이 되면 책 읽는 소녀의 책장이 한 장씩 넘어간다는 학교괴담이 사뭇 다시 듣고 싶어진다.

책이 멀리 있으면 성공도 멀리 있고, 책을 가까이하면 성공도 가까이 있다. 시작하기에 늦은 때란 없다. "공부에는 때가 있다."고 하는 말은 공부하기에 어울리지 않은 때란 없다는 말과 다르지 않다. 공부란 평생을 두고 해야 하는 것이고, 부지런한 독서는 공부를 이루는 왕도이자 지름길이라는 사실을 잊지 않았으면 한다. 책을 읽는 일과 성공하고 돈을 버는 일이 관계가 없다고 생각할지 모르겠다. 하지만 이는 커다란 착각이다. 책을 읽지 않는다는 것은 모든 기회를 포기하겠다는 의미와 같다. 책을 읽을 것인지, TV를 볼 것인지 선택하는 것은 취향의 문제가 아니라 중요한 선택의 문제다. 작지만 사소한 행동이라도 오래 쌓이면 큰 차이를 만든다. 어쩌면 지금보다 더 나은 삶을 살 수 있는 기회를 놓치고 사는 것은 아닌지 돌아볼 일이다.

세계 제일의 부자인 워런 버핏에게 어떤 사람이 편지를 보내 조언을 구했는데, 버핏의 대답은 다음과 같았다고 한다.

"Read, read, read(읽고, 읽고, 또 읽으세요)."

질문을 던져라, 책이 답한다

이 우주에서 우리에게는 두 가지 선물이 주어진다.
사랑하는 능력과 질문하는 능력,
그 두 가지 선물은 우리를 따뜻하게 해주는 불인 동시에
우리를 태우는 불이기도 하다.
- 메리 올리버 《휘파람 부는 사람》 중에서

《책읽기의 즐거운 혁명》의 저자 장경철 교수는 이렇게 말한다.

> "그 책이 어떤 쟁점을 다루고 있는지를 미리 질문하고 읽으라는 겁니다. 좋은 독서법은 저자의 의중과 책의 흐름을 따라가면서 책의 관점과 기초를 파악하는 것입니다. 비판적인 독서를 하기 위해서는 저자의 관점을 파악할 수 있어야 합니다."

'인터넷정보검색사'라는 자격증 시험이 있다. 인터넷을 이용하여 정보를 찾아내는 전문 직업이다. 지금은 그리 활용가치 있는 자격증이 아니지만, 인터넷이 처음 도입되었을 때만 해도 그 가치는 상당했다. 지금은 퍼스널컴퓨터가 대중화되고, 나아가 스마트폰을 쓰는 국민이라면 초등학생만 되어도 원하는 정보를 쉽고 빠르게 찾을 수 있으니 온 국민

이 정보검색사라고 해도 과언이 아니다. 우리는 넘쳐나는 정보의 홍수 속에서 정확한 정보를 찾는 것이 경쟁력인 시대에 살고 있다.

정보는 데이터가 가공되어 이미 있는 형식으로 전환되는 것을 말한다. 지식이란 '사실이 지닌 의미를 찾아내고 새로운 가치로의 전환을 추진할 수 있는 힘', 즉 가치판단의 기준이 되는 것이다. 이처럼 정보를 접하면서 그 가치를 판단하고 또 다른 고부가가치의 정보를 만들어내는 것이 지식이다.

현대인은 지식사회의 일원이며 지식노동자라고 주장한다. 하지만 자신만의 지식이라고 생각하고 있는 것들이 단순히 인터넷에서 습득한 정보는 아닌지, 또한 지식의 의미를 제대로 파악하고는 있는지 헤아려봐야 할 것이다. 인터넷을 통하면 최신 정보를 습득하고 사회 전반에 대한 트렌드를 쉽게 파악할 수 있다. 하지만 의미 있는 정보를 추려내어 가공하고 업무나 실생활에 적용할 수 있어야 진정한 지식으로서의 가치를 가질 수 있다. 정보를 가치 있는 지식으로 전환할 수 있는 능력인 정보독해력은 학교, 가정, 직장 등 사회 어느 곳에서나 필요로 한다. 독서는 정보독해력을 키우는 가장 좋은 방법이다.

책을 읽을 때는 먼저 전반적으로 무엇에 관한 내용인지 파악하고, 그 책이 무엇을 어떻게 다루고 있는지 살펴야 한다. 이러한 과정에서 질문은 아주 중요한 역할을 한다. 질문을 통해 글의 옳고 그름을 파악할 수 있고, 의미도 찾아낼 수 있다. 그저 읽기만 해서는 안 된다. 의미를 찾기 위해서는 생각을 해야 하고, 생각하는 방법으로는 질문이 최고다.

《전략적 책읽기》의 스티브 레빈은 "문장을 질문으로 바꾸는 습관을 들여라."고 말한다. 문장을 문장으로 읽는 데 그치지 말고 질문으로 바꿔보자. 예를 들면 'ㅇㅇ이다'식의 마침표로 끝나는 책읽기를 하다 보면 한 가지밖에 얻지 못한다. 그러나 'ㅇㅇ일까?'로 바꿔 읽으면 저자가 말하는 한 가지 방법뿐만 아니라 자신만의 수많은 방법을 찾아낼 수 있다. 특히 직장인에게는 이러한 방법이 업무를 혁신하는 중요한 프로세스가 될 수 있다. 사람들은 유독 책에서 하는 말이라면 일단 믿고 보자는 식으로 수긍하는 경우가 많다. 하지만 책에 있는 정보라고 해서 모두 정확한 것은 아니다. 또한 해석은 지극히 주관적인 것이라서 저자와 독자가 서로 다를 수도 있다. 무언가 알아야 질문할 수 있다는 생각은 버리자.

안상헌은 《책력》에서 질문하는 독서가 쉽지 않음에 대해 이렇게 이야기했다.

> "책에는 수많은 언어들이 도사리고 있습니다. 이 언어들은 독자의 생각을 규정하기 위해 자신의 모든 수단을 동원해서 포위 공격을 합니다. 책이 대중적으로 높은 지지를 받고 저자의 필력이 강할수록 이런 파워는 커집니다."

독서를 잘하는 기준은 책을 많이 읽어서 지식을 많이 아는 것이 아니다. 질문을 통해 한 단계 깊이 있는 생각에 이르고, 세상을 보는 새로운 시각을 갖는 창조적인 독서가 중요하다. 책에는 저자의 깊이 있는 지식과 경험이 녹아 있다. 이를 흡수하여 깊이 있는 지식을 경험하고 생각의 힘을 기를 수 있는 것, 이것이 독서를 잘하는 기술이다.

책을 읽는 동안 일어나는 사고과정 즉, 생각의 힘은 실제로 정보독해력을 높이는 데 결정적인 역할을 한다. 정보독해력은 책을 한두 권 읽는다고 해서 생기는 것이 아니다. 지식의 축적과 간접경험의 확대, 사색을 통한 분석력 등 꾸준한 두뇌활동을 통해 쌓이는 것이다.

딸아이를 보면서 평상시 생각하지 않고 사는 것에 대해 가끔씩 많은 고민을 하게 된다. 고만한 또래의 아이들이 다 그렇겠지만 여섯 살 딸아이는 무슨 일이 생기면 "왜?", "왜 그러는데?", "그게 뭔데?"라며 꼬치꼬치 캐묻는다. 질문하는 아이가 살짝 귀찮기도 하고 설명해준다고 뭘 알겠나 싶어 대충 설명해주면 "그래서 끝이야?"라며 말똥한 눈으로 나를 쳐다본다. 처음에는 '얼마나 쉽고 정확하게 설명해야 아이가 이해할까?' 고민하며 열심히 답해주었다. 하지만 언제부턴가 질문에 대한 나의 대답이 어떻든 '아이는 지금 뭔가 생각을 하고 있는 중이구나.'라는 생각이 들었고, 그 과정을 존중해주고 싶었다. 질문은 생각을 확장시킨다. 설사 내가 여섯 살 아이에게 이해하기 어려운 대답을 던졌더라도 아이는 꼬리를 무는 질문을 통해 스스로 생각하는 힘을 길러낼 것이다.

철학자 미셸 푸코는 "다르게 생각하면 다르게 행동할 수 있다."고 말했다. 다르게 생각한다는 것은 결국 자기답게 사는 것을 의미한다. 나답게 산다는 것은 결국 다르게 보고, 다르게 말할 수 있다는 것인데, 이를 이루기 위해서는 자신에게 질문을 던질 수 있어야 한다. 우리는 질문을 던짐으로써 다르게 볼 수 있는 기회를 얻게 된다. 질문은 철학의 기본이요, '다르게 생각하기'의 시작이다.

생각하는 힘은 질문독서를 통해 기를 수 있다. 질문하지 않는다는 것은 궁금한 것이 없기 때문이고, 궁금한 것이 없다는 것은 관심이 없기 때문이다. 같은 책이라도 더 깊게 읽고 사유의 폭을 넓힐 수 있는 방법은 질문하고 비판하며 읽는 것이다. 내용을 관심 밖에 두고 책을 읽는 것은 생각하지 않는다는 것이다. 긴 시간 동안 주입식 교육을 받고 자란 우리가 질문 없이 사는 것은 어쩌면 자연스러운 일인지도 모른다. 교사가 수업의 주도권을 잡고 학생은 스스로 주도적인 입장에서 배우지 못한 채 기존 체제나 제도의 불합리성에 대해 문제를 제기하거나 항변하기보다는 순응적 사고를 가짐으로써 질문에 인색해지도록 교육받아 왔기 때문이다.

그러한 교육 시스템 안에서 창의력, 사고력, 문제해결능력을 상실한 채 질문이 익숙지 않고 질문하지 않는 태도를 바람직한 것으로 생각했다면, 이제 책을 읽으며 '왜'라는 질문을 서슴지 않고 해보면서, 그 질문에 대한 답을 스스로 찾는 습관을 기르도록 하자. 다치바나식 독서법에서는 "책을 읽을 때는 끊임없이 의심하라."고 강조한다.

책은 신성시할 대상이 아니다. 경외감을 갖고 찬양해야 할 이유가 없다. 경외심을 갖는다면 책은 읽는 게 아니라 외워야 할 대상이 되는 것이 맞다. 대체로 책을 '보다'라고 하지 않고 '읽다'라고 하는 이유도 읽는 것이 새로운 의미를 창조한다는 의미이기 때문이다.

'보다'라는 것보다는 '읽다'라는 것이 한 수 높은 지적 행위이다. 아무 생각 없이 TV를 볼 수는 있지만, 생각 없는 독서는 불가능하다. 이는 독서가 가진 특징이라고 할 수 있다. 대부분의 독자들은 책과 저자에 대한 경외심을 가지고 있다. 책에는 틀린 말이 없다고 생각하고, 저자의 생각을 비판 없이 무작정 받아들인다. 이런 생각에서 벗어나지 못한다면 깊이 있는 독서를 하기 힘들다. 책을 읽은 후 독후감을 쓴다고 생각해보자. 독후감讀後感은 문자 그대로 책을 읽은 후의 느낌이다. '이 책은 읽어보니 좋았다'거나 '나쁘다'라는 식의 표현을 독후감이라고 할 수는 없다. 질문 없는 독서는 고작해야 책의 내용을 간추린 줄거리만 남길 뿐이다. 주인공의 심리적 변화요인이나 숨겨진 복선을 찾아 저자가 전하려는 의도를 파악하고, 책에 담긴 의미에 관하여 끊임없이 질문하면서 비판적 독서를 한 후 쓰는 독후감은 분명 차이가 있다.

사람들은 누구나 자신만의 렌즈로 세상을 바라본다. 자신이 가진 가치관, 관점, 성격 등에 따라 내가 보는 방법, 내가 바라보는 관점과 더불어 내가 어떤 사람인지까지도 결정한다.

그런데 나이를 먹으면 먹을수록 자신만의 사고습관이 굳어지고, 사물을 현실 그대로 바라보기보다는 자신이 구축해놓은 제한적인 시각으로 습관적인 판단을 한다. 새로운 시각으로 사물을 관찰하고 판단할 수 있는 열린 마음과 사고를 가질 수 있어야 한다.

아는 만큼 보인다고 했다. 나는 경험한 만큼 보인다고 생각한다. 하나의 사건이라도 각자의 경험이 다르며, 이를 재해석하는 과정에서 자신만의 노하우가 생기고 배경지식이 쌓인다. 사건을 바라보는 시각이 평면에서 입체로 바뀌게 되고, 원인에서부터 그에 따른 결과까지 꿰뚫을 수 있는 현안이 생긴다.

답이 아니라 질문을 찾는 독서를 하자. 질문을 던지는 만큼 독서는 깊어진다.

정답 없는 인생에 공식은 없다

모든 시작은 결국에는 다만 계속일 뿐.
운명의 책은 언제나 중간에서부터 펼쳐지는 것을.
- 비스와바 쉼보르스카

나는 유독 아침잠이 많다. 새벽까지 잠을 자지 않고 버틸 수는 있어도 아침 일찍 일어나기는 정말 힘들다. 아침형 인간으로 거듭나기 위해 많은 노력을 기울였지만, 몸이 따라주지 않았다. 언젠가 혈액형별 성격 분석에서 "AB형은 아침잠이 많아서 일찍 일어나는 것을 힘들어하는 사람이 많다."라는 내용을 읽고, '내가 아침잠이 많은 것은 혈액형 때문'이라는 말도 안 되는 자기합리화를 했다. 그러나 마음속 어딘가에는 '반드시 아침형 인간으로 거듭나야만 한다'는 강박관념이 자리 잡고 있었다. 끊임없이 나 자신을 채찍질했으나 매번 실천 불가능한 컨디션 난조로 인해 마음먹은 것과 실천의 간극 사이에서 자괴감만 더해져 갔다. 그러던 중 와타나베 쇼이치의 《지적생활의 발견》을 읽다가 체질에 맞는 두뇌활동 시간이 따로 있다는 사실을 알게 되었다. 저자는 새벽보다 한밤중에 일을 했을 때 몸의 컨디션이 좋았고, 기분도 상쾌해졌다고 한다.

"나는 저혈압 유형이기 때문에 이른 아침보다 한밤중에 일하는 것이 효과적이다. 그렇다 하더라도 밤샘을 하고 나면 기분이 상쾌해지는 이유는 무엇일까? 밤 10시부터 다음날 아침 6시까지 일을 한다면 우유나 커피 한 잔 마시는 등 약간의 휴식시간을 제외한다 하더라도 거의 7~8시간, 즉 하루치 노동을 하는 셈이다. 하지만 피곤하다는 생각이 들기는커녕 기분이 상쾌하고 즐겁다. 생각건대 이는 외부로부터의 잡음이나 방해요인이 없어서 신경 거슬리는 일이 없기 때문인 듯싶다. 한밤중의 시간은 외부요인에 의해 방해받지 않는 오직 나만의 시간이다. 전화가 걸려올 일도 없고 방문객도 없다. 우편이나 소포도 오지 않는다. 오직 정적만 흐를 뿐이다."

– 와타나베 쇼이치의 《지적생활의 발견》 중에서

그렇다. 엄연히 저녁형 인간도 있다. 아니 올빼미형 인간도 있다. 이 같은 내용을 읽고 어찌나 반갑고 위로가 되었던지! 이제 더 이상 체질에 맞지 않는 고생스런 아침형 인간의 삶을 동경하지 않아도 되었다. 또한 내 체질에 맞게 생활해도 부끄러운 삶이 되지 않는다는 사실에 마음이 한결 편안해졌다. 그가 말하는, 도시에 살고 있는 저혈압 유형이 딱 나였기 때문이다.

성공학, 자기계발서, 인문학 등 수많은 책을 읽어봤지만 명확히 '인생의 정답'을 제시한 책을 만나본 적은 없다. 성공한 사람들은 자신이 살아온 방법을 성공공식으로 만들거나 피력한다. 하지만 그것이 모든 사람들에게 공통적으로 적용되지는 않는다. 만약 모두에게 정답으로 인정받는다면 모든 사람들이 성공할 것이다. 그 누구도 성공하는 방법을 '이것'이라고 단정하지 못하는 이유는 무엇일까? 인생에 정답이 없다는 것은 정답이 너무 많기 때문일지도 모른다. 누구의 인생이 정답이라고 말할 수는 없다. 각자에게는 그것이 정답이기 때문이다. 살아가는 방법은 다양하다. 어떻게 살아갈지는 각자의 선택에 따라 달라진다.

개인을 성장시키는 가장 큰 스승은 자신이다. 위대함은 다른 사람보다 앞서가는 데 있지 않다. 참된 위대함이란 자신의 과거로부터 한 걸음 앞서나가는 데 있다. 어제보다 더 나은 삶을 살기 위해 끊임없이 자문하고 탐구하며 노력하는 삶이야말로 진정 이기는 삶이다. 우리는 매일 되풀이되는 일상에서 벗어나기 위해 여러 가지 방법을 찾아본다. 직장인이라면 여가시간을 이용하여 배우고 싶었던 공부를 할 수도 있고, 휴가를 얻어 여행을 떠날 수도 있다. 그러나 공부도 여행도 시간과 돈이 필요하다. 잦은 야근과 회식은 규칙적인 취미생활에 방해요소만 될 뿐이다. 직장인에게 자기계발은 현실적으로는 정말 먼 이야기이자 그림의 떡인 것이다.

하지만 우리에게는 이를 위안 삼을 책이라는 것이 있다. 책은 돈도 많이 들지 않고, 아무 때나 원하는 시간에 이용할 수도 있다. 또한 어디서나 펼치기만 하면 평소 만나지 못했던 다른 세계를 접할 수 있게 해준다. 책을 읽는 것은 영화나 공연을 보는 것처럼 내 자신에게 무언가를 해주는 것이다. 책을 통해 내가 어떤 사람이라는 것을 알 수 있게 된다. 나의 장단점을 찾고 내가 원하고자 하는 삶을 살 수 있게 된다. 책은 나의 장점은 더 큰 역량을 발휘할 수 있게 해주고, 단점은 보완하여 플러스가 되는 인생을 모색할 수 있도록 해준다.

독서는 더 나은 내일을 위해 내가 지킬 수 있는 최소한의 원칙이 된다. 현실적인 예비 목표는 성공의 밑거름이다. 큰 목표를 세우지 말라는 말이 아니다. 큰 목표만 해야 할 것으로 삼지 말라는 말이다. 큰 목표를 달성하기 위해서는 그에 선행하는 작은 목표를 세운 후 하나씩 통과해 나가야 결국 자신이 목표한 지점에 닿을 수 있다. 즉 꿈을 가진 나를 단기 목표로서 관리해야 한다. 흔히 목표치가 높으면 어둡고 긴 터널을 달리는 기분이라고 한다. 어디쯤 가야 빛을 만날 수 있을지, 과연 이 터널에 끝이라는 게 있기나 한 것인지 걱정이 되게 마련이다. 다음은 어떻게 될지 알 수 없는 과정에 놓여 있다고 생각되면 너무 먼 미래보다는 일단 오늘 할 일부터 걱정하자.

혼자 남겨졌을 때를 보면 그 사람의 신실함을 알 수 있다고 한다. 혼자 남겨진 시간을 창조적 시간으로 활용해 엄청난 일을 해내는 사람이 있는가 하면, 남는 시간을 주체하지 못하고 의미 없이 흘려보내거나 단순 유희와 오락거리만을 일삼으며 스스로를 망쳐버리는 사람도 있다. 당신의 경우는 어떠한가? 게으름과 나태함에 빠져 가치 없는 일들로 시간을 허비하고 있지는 않은가? 지금까지 쌓아온 자신의 내공, 즉 인생을 밀고 나가는 힘, 자신에 대한 열정, 삶에 대한 목표의식 같은 것들이 혼자 있는 시간의 활용도를 결정한다. 많은 사람들이 로또 당첨금을 어디에 쓰겠느냐는 질문에는 이런저런 계획들을 줄줄이 늘어놓으면서도, 한 달 정도 휴가가 주어지면 어떻게 시간을 보내겠느냐는 질문에는 이렇다 할 계획을 얘기하지 못한 채 "푹 쉬고 싶다."고 말한다. 돈은 계획하면서도 시간은 계획해본 적이 없는 것이다. 우리는 그 어디에서도, 누구에게서도 자신의 내적인 힘을 사용하는 방법을 배우지 못했다. 그래서 홀로 남은 시간을 이용하는 법을 모른다.

'방랑'과 '방황'은 둘 다 정처 없이 돌아다니는 것을 의미한다. 하지만 전자는 확실한 목적을 가지고 돌아다니는 것이고, 후자는 목적 없이 갈팡질팡 한다는 점에서 차이가 있다. '방랑자'는 무언가를 찾고 있다. '방황하는 자'는 자신이 무엇을 찾는지조차 모른다. 인생의 정답이 수학의 공식처럼 딱 떨어지면 좋으련만 인간사에는 공식이 없다. 답은 있지만 '정답'은 결코 존재하지 않는다. 이것이 인생이고 인간이 살아가며 풀어야 할 숙제이다. 방황하는 자여, 홀로 남은 시간 조용히 내면의 속삭임에 귀 기울여보자. 혼자 있는 시간을 기회로 전환하자. 자신이라는 존재에 대해 더욱 깊이 생각하고, 지금을 충실히 살기 위해서.

"카르페 디엠carpe diem."

2

당신이 읽은 책은
당신의 세계다

생각읽는 독서의 힘 • 당신이 읽은 책은 당신의 세계다

생각 읽는 독서의 힘

단순히 정보처리 속도를 높이는 것이 목적이라면 독서는 무의미하다.
주체적으로 생각하는 힘을 기르는 것, 이것이야 말로 독서의 본래 목적이다.
- 히라노 게이치로

읽을 줄 안다는 것 자체가 하나의 권력이었던 시대가 있었다. 모든 정보가 책을 통해 전해졌기 때문에 시대를 바꾸는 권력자와 리더가 되려는 자들은 책과 도서관을 통제하고 자기들만이 책을 독점함으로써 세상을 지배하려 하였다. 하지만 이제는 누구든지 글자를 읽을 수 있으며, 책은 어디에서나 접할 수 있고 개인이 소유할 수 있는 아주 흔한 물건이 되었다.

오늘날 글을 읽을 줄 모르는 사람은 없으며 교육수준 또한 높아졌다. 그러나 사람들은 책을 읽지 않는다. 글은 알지만 책은 읽을 줄 모르는 책맹冊盲의 시대인 것이다. 지식과 정보는 차고 넘쳐나지만 지적으로 퇴화하고 있다. 그중에서도 인터넷은 우리 생활 속에 밀접하게 자리 잡으면서 읽고 쓰고 생각하는 데 가장 많은 영향을 미치고 있다.

디지털 미디어의 출현은 읽기에 심오한 영향을 미쳤다. 미국의 어느 대학교에서 30~45세의 다양한 직업을 가진 사람들을 대상으로, 10년 동안 그들의 읽기 습관이 어떻게 바뀌었는지 조사했는데, 27퍼센트만이 '깊이 있는 읽기'에 투자하는 시간이 늘어났다고 한다. 이 연구결과는 "디지털 환경은 사람들이 많은 주제를 폭넓게 탐구하도록 권장하는 경향이 있긴 하지만, 그 방식은 피상적인 수준에 머물게 한다. 하이퍼텍스트는 사람들이 깊이 읽고 생각하지 못하도록 산만하게 한다."는 사실을 보여준다. 디지털 매체로 인해 정보 수집은 믿을 수 없을 만큼 쉬워졌다. 이제 정보 자체만으로는 차별화가 불가능하다. 자기 나름의 의견을 갖고 얼마나 의미를 이끌어낼 수 있느냐에 따라 가치의 원천이 만들어지는 것이다. 손끝 하나로 모든 지식이 검색되는 컴퓨터와 스마트폰을 통해 쏟아지는 디지털 정보의 홍수 속에서 사람들은 더 많은 시간을 읽기에 할애한다. 하지만 그들은 단지 훑어보고, 키워드를 찾아내고, 대충 읽고 스크린 속에 부유하는 맥락 없는 정보들만 채집할 뿐이다.

독서를 하는 가장 큰 목적은 책 읽는 즐거움을 느끼거나 지식의 보물창고에서 보물을 캐기 위함이 아니라 지식으로 쌓이는 것 너머의 통찰력, 즉 비판적 사고를 기르기 위함이다. 비판적 사고란 근거를 찾고 다른 면에서 생각해보기도 하면서 자기가 안다고 생각하는 것까지 반성하는 태도다. 읽는다는 것은 단순히 문자를 읽는 행위만 의미하는 것이 아니다. 읽는다는 것은 곧 생각한다는 것을 의미한다. 읽는다는 것은 추리한다는 것이며, 비교 평가한다는 것이다. 읽는다는 것은 이전 경험을 토대로 새로운 것과 비교하여 차이점을 스스로 깨닫게 하는 것을 의미한다. 필요한 정보를 가져오고 그것을 읽고 해석하는 데 채 5분도 걸리지 않고, TV, 게임, 영화 등 다른 생각을 할 여유를 제공하지 않는 미디어에 익숙한 사람들은 비판적 사고능력을 잃고 점점 자기가 살고 있는 세계에 개입할 능력을 상실하고 있다. 세상을 꿰뚫고 이해할 줄 아는 자신만의 관觀을 형성하지 못한다. 현대인들에게 세계는 자신의 생각을 통해 받아들이는 것이 아니라 미디어를 통해 씹혀진 것을 그냥 삼키면 되는 것일 뿐이다.

팩트가 넘쳐나는 세상, 미래 사회는 단순한 지식정보의 습득, 그 이상을 요구한다. 한 분야의 지식보다 다양한 분야의 지식을 선호할 것이며, 지식 검색보다 지식의 활용과 지식의 창조를 중시할 것이다.

창조성의 아이콘 스티브 잡스는 "지식과 기술이 세상을 바꿀 수 없다."라고 말했다. 그가 강조하는 것은 '상상력'이다. 정보나 지식보다 그것을 판단하고 생산하는 능력이 중요해졌으며, 이는 바로 '생각하는 힘'을 의미한다.

도쿄대 첨단과학기술연구센터 교수이자 '정체학'이라는 학문을 세계 최초로 이름붙인 니시나리 가쓰히로는 《이것은 생존을 위한 최소한의 생각법이다》에서 성공한 사람들에게는 한 가지 공통점이 있으며, 그것은 바로 '사고체력'이라고 말하고 있다. 사고체력이란 '계속 생각하는 힘'이다.

"러닝머신을 뛰는 사람과 조깅을 하는 사람은 달리기에 대한 의식도, 달리는 이유도 전혀 다릅니다. 외부의 압력에 그저 따르는 것이 아니라 스스로 동기를 부여해 행동하는 것이 사고체력의 핵심입니다. 계속 생각하는 것은 스스로 계속 동기를 부여하는 것과 같습니다."

러닝머신에서 내려와야 능동적인 사고가 가능하다. 즉 스스로 생각하는 능동적인 사고가 모든 것의 시작이고, 독서는 이를 단련하는 데 있어 매우 유용하다. 능동성은 독서의 본질이며, 사고력을 성장시키는 핵심인 것이다.

그렇다면 어떻게 해야 사고력을 성장시키고 능동성을 기를 수 있을까? 《세계 최고의 인재들은 왜 기본에 집중할까》의 저자 도쓰카 다카마사는 "책이든 신문이든 정보를 담고 있는 텍스트를 읽는 데 소용된 시간 이상으로 생각하는 시간을 오래 갖는 습관을 들이는 방법이 효과적이다."라면서, 이를 1:3 법칙으로 설명한다.

"1:3의 법칙을 실천하려면 우선 한 개의 장을 모두 읽고서 다음 장으로 넘어가기 전에 그 장의 내용을 요약해 정리한다. 이 방식을 사용할 경우 끝까지 읽은 한 권에는 장별로 요약본이 남는다. 다음으로 요약한 내용을 분류하고, 논리 구성을 정리한다. 그리고 주요 메시지를 이끌어낸다. 마지막으로 자기 나름의 의미를 찾는다."

맥킨지McKinsey&company의 아시아·태평양 지역 회장을 맡아 글로벌 기업은 물론, 지역 내 주요 국가와 도시의 자문역으로 오래 활동해온 오마에 겐이치 씨는 성장을 추구하는 젊은 직장인들을 위한 인터뷰에서 "읽은 시간의 세 배를 생각하십시오."라고 말한 바 있다. 한 권의 책을 끝까지 다 읽는 데 두 시간이 걸렸다면 그 세 배인 여섯 시간을 생각하는 데 사용하라는 말이다.

요즘 사람들은 수많은 정보와 지식에 손쉽게 접근할 수 있으며, 시간과 상관없이 모든 정보를 무료로 얻을 수 있다. 모르는 것이나 더 알고 싶은 것을 일일이 책을 통해 배워야 했던 시절과 비교하면 세상은 너무나 편리해졌고, 정보 습득이 용이해진 것만은 틀림없다. 하지만 지식과 정보가 차고 넘치더라도 우리가 그만큼 더 똑똑해진 것 같지는 않다. 지식 머리는 커졌지만, 주체적으로 생각하고 행동할 줄 모르는 사람이 된 것이다.

우리는 하루에도 수만 가지 생각을 하고 산다. 그리고 자신이 '스스로 생각한다'고 느낀다. 그러나 '그것이 과연 내 생각인가?' 하고 다시 생각해보면, 대부분 어디선가 보거나 읽거나 한 것이다. 그럼에도 사람들은 마치 자기가 생각한 것처럼 말한다. 인터넷에서 읽은 정보가 자신의 지식이라고 생각하며, 더 깊이 있는 공부를 하지 않아도 자신은 똑똑하다는 착각 속에서 살고 있다. 자신이 알고 있다고 믿는 행위가 위험한 이유는 얄팍하고 단편적인 지식을 '안다'고 믿고 교만과 착각에 빠져 자기 안에 갇혀 있기 때문이다.

TV나 인터넷에 흘러 다니는 지식으로는 나의 사고를 확장시킬 수 없다. 부유하는 정보를 잇고 꿰어 본질을 간파하지 않으면 나의 지식과 생각으로 남을 수 없다. 아무 생각 없이 TV를 볼 수는 있지만, 아무 생각 없이 책을 읽을 수는 없다. TV는 이미지를 받아들이기만 하면 되지만, 책은 자신의 배경지식을 바탕으로 비교 대조하며 정보를 구조화시켜야 내용을 이해할 수 있기 때문이다. 책과 컴퓨터 사이에서 선택을 해야 한다면 우리는 주저 없이 마우스를 잡을 것이다.

대부분의 사람들은 책을 읽고 복잡한 생각을 하기보다는 별 생각 없이 즐길 수 있는 것들에 시간을 낭비한다. 사람들이 책을 읽지 않는 것은 호기심이나 책에서 즐거움을 찾을 수 없어서가 아니라 독서가 주는 정신적 긴장감이 싫어서인 듯하다.

독서는 정돈된 지식을 준다. 어떤 것에 관하여 정돈된 지식을 얻고자 할 때는 독서만한 것이 없다. 책은 모든 영감과 상상력의 기본이다. 자기 자신을 객관화하고 자신을 가둔 벽을 허물 수 있는 확실한 방법으로 책읽기만한 것은 없다.

제한된 시간과 초고속 정보의 홍수 속에서도 변하지 않는 진리는 마음만 먹으면 언제든지 저자와 만날 수 있다는 것이다. 아는 것이 힘이 되던 시대는 지나갔다. 이제 창조적 사고가 곧 경쟁력이고 힘이다. 생각하지 않으면 어떤 것도 얻을 수 없다.

다르게 읽으면 다르게 보인다

독자는 모두 그 자신의 책을 읽는다.
내 책을 읽는 게 아니다. 독자는 책을 읽으면서 책을 쓴다.
- 히라노 게이치로

학창시절 내내 '공부'라는 단어를 가장 많이 내뱉고 가장 많이 들었다. 대학을 졸업하고 취업만 하면 공부는 전혀 상관없는 일이 될 것이라고 여겼다. 공무원 시험 준비를 하면서 읽은 책들을 공부라고만 생각했지, 한 번도 독서라고 생각하지 않았다. 독서라는 단어는 왠지 여유 있는 사람들이 즐기는 취미생활처럼 느껴졌기 때문이다. 그래서 그때는 어서 빨리 지긋한 수험공부를 끝마치고 수험서 말고 정말 읽고 싶은 책을 맘대로 읽고 싶었고, 그런 시간이 오기를 너무나 바랐다. 그러나 그때의 수험공부가 독서였고, 지금 내가 하고 있는 독서가 공부였다.

국어사전에 정의된 '공부'의 뜻은 '학문이나 기술을 배우고 익히는 것'이다. 그렇다면 학문이나 기술은 어떤 식으로 배우고 익히게 되는가? 공부의 수단은 책을 읽는 것에서부터 시작한다고 해도 과언이 아니다. 우리는 독서가 얼마나 중요한지 너무나 잘 알고 있음에도 그 방법에 대해서는 관심이 없거나 서투르다. 그렇다면 어떻게 해야 책을 잘 부릴 수 있을까? 오락이나 욕구충족을 위한 것이 아니라 영혼을 풍요롭게 하고 삶의 자양분이 될 수 있는 독서의 방법을 모색해야 한다.

나는 책을 고를 때 책의 크기, 글씨체, 여백, 그리고 인쇄된 종이의 질감까지 따지는 편이다. 또한 책은 빌려 읽지 않고, 빌려주지 않는다는 원칙이 있다. 처음 책을 읽기 시작했을 때만 해도 책에 무언가 적는다는 것이 부끄럽게 느껴졌다. 어차피 내 책이기에 나만 볼 것이지만, 혹시나 누군가 빌려가서 내가 어느 부분에 밑줄을 그었는지, 나의 생각은 어땠는지, 글씨체를 보면서 어떻게 생각할지 떠올리면 숨고 싶어졌다. 과거의 나는 책을 부리는 사람이 아니라 책을 섬기는 노예와 같았다. 메모해놓은 글씨체가 맘에 들지 않아 기어코 수정테이프로 지워야 직성이 풀렸고, 책을 깨끗이 보려고 포스트잇에 써서 따로 노트에 붙여 누었다. 누군가 내 책을 빌려가 책 속의 메모에서 나를 읽어내는 것이 꺼려지고, 나 또한 빌려 읽는 책은 마음대로 부릴 수가 없기에 지양하는 편이다.

내가 좋아하는 한 작가는 원래 책을 좋아하는 사람이 아니었는데, 책 읽는 방법을 터득한 후 독서 빅뱅에 가까울 정도로 그 능력이 향상되었고, 지적 역량도 기하급수적으로 커졌다고 한다. 또한 책 읽는 법을 아는 것이 중요한 이유는 독서의 즐거움을 알게 하는 핵심적인 역할을 하기 때문이라고 강조했다.

독서는 그것을 강요하는 환경에서는 지속성을 갖기 힘들다. 그러므로 먼저 자신에게 맞는 독서법을 터득하여 책 읽는 즐거움을 찾아야 한다. 과거의 나는 책을 깨끗하게 보았지만 지금은 다르다. 볼펜, 형광펜 등으로 밑줄을 그어가며 저자의 생각에 나의 생각을 덧붙여 끄적거려 보기도 하고 포스트잇도 활용한다. 좀 더 오래 기억하고 필요한 부분을 쉽게 찾을 수 있도록 하다 보니 자연스럽게 습관이 된 것이다. '왜 진즉 이런 식으로 책을 보지 않았을까?' 하는 후회가 든다.

폴 라파르그는 《게으를 권리》에서 마르크스의 책읽기를 다음과 같이 설명했다.

> "마르크스에게 책이란 사치품이 아니라 정신활동의 도구였다. 그는 '책은 내 노예이니 내 의지에 따라야 한다'고 말하곤 했다. 그는 책의 크기나 제본된 상태, 종이의 질이나 인쇄된 상태 등에는 전혀 신경을 쓰지 않았다. 그는 페이지의 한 귀퉁이를 접거나 가장자리에 연필로 표시하거나 어느 한 구절 전체에 밑줄을 긋곤 했다. 책에 무언가를 적는 일은 없었지만 저자가 지나치게 나아갔다고 생각하면 그 부분에 느낌표나 물음표 표시를 했다. 본문에 밑줄을 긋는 그 나름의 방식은 나중에 필요한 내용을 쉽게 찾아볼 수 있게 하려는 것이었다. 그는 여러 해가 지난 뒤에 공책에 적어놓은 내용을 다시 훑어보거나 책에서 밑줄 친 부분을 찾아 다시 읽어보는 습관을 갖고

있었다. 기억을 생생하게 유지시키기 위해서였다."

모티머 애들러 역시 《독서의 기술》에서 같은 맥락의 이야기를 하고 있다.

"책을 사는 것은 재산을 사는 것이다. 값을 지불하고 옷이나 가구를 사는 것과 같다. 그러나 책의 경우 돈을 내고 구매하는 행위는 그 책을 진정으로 소유하기 위한 전주에 불과하다. 완전한 소유는 그 책을 나의 일부로 만들었을 때 비로소 가능하다. 내가 책을 일부가 되기 위한 최고의 방법은(책이 나의 일부가 되는 것과 내가 책의 일부가 되는 것은 똑같은 일이다) 바로 메모하는 것이다. 메모가 습관이 된 사람들에게 책 앞부분의 빈 책장은 매우 중요하다. 어떤 이들은 이 책이 자신의 소장도서임을 표시하기 위해 여기에 도장을 찍기도 하지만, 이는 이 책의 재무적인 소유권을 표시할 뿐이다. 책 앞부분의 빈 책장은 자기 생각을 메모하기에 가장 좋은 자리다. 책을 다 읽은 후 맨 뒷부분의 빈 책장에 자기만의 색인을 적은 다음 다시 맨 앞으로 돌아와 책을 대략적인 내용을 메모한다. 책의 모든 내용을 자세히 적을 필요는 없다."

그렇다면 모든 책은 끝까지 다 읽어야 할까? 다 읽지 못한 책 때문에 조급한 적이 있는가? 책을 다 읽어야 한다는 압박감 때문에 점점 더 책과 멀어진 경험을 해보았을 것이다. 세상에는 엄청나게 많은 책이 있고, 어떤 분야의 책이든 그 안에서 배울 수 있는 지식은 아주 많다. 그러나 그중에는 나에게 더 의미 있는 책이나 내게 유익한 지식도 있고 나에게 필요치 않거나 쓸모없는 지식도 많다. 또한 많이 읽을수록 지식이 느는 것도 아니다. 식탁에 차려진 많은 반찬들 중에서 내 입맛에 맞는 반찬으로 밥을 먹는다든가, 내가 좋아서 산 물건임에도 손이 안 가는 물건이 있는 것처럼 책도 마찬가지다. 필요한 책을 읽기에도 시간은 모자라다. 의욕이 저하될 만큼 억지로 책을 읽을 필요는 없다. 최근까지 읽었던 책 중에서 기억나는 책과 그 책을 읽고 어떠한 지식을 갖게 되었는지 기억나는가? 지식의 활용과 책을 얼마나 읽었는가 하는 문제는 서로 별개다. 내가 고른 책이라고 해도 읽어보니 별로이거나 저자의 생각을 이해할 수 없어서, 혹은 다른 책에서 읽은 내용과 비슷해서 읽을 필요가 없다고 판단할 수도 있다. 내 시간을 효율적으로 썼다고 느낄 만한 책을 찾고, 중요하거나 필요한 부분을 집중적으로 읽는 스마트한 독서를 하는 것이 중요하다. 책의 내용을 이해하는 것에 초점을 맞추기보다 단 한 줄을 읽더라도 자신의 경험과 연결시키고 그 경험에 대한 사색이 이루어진다면 책이 창출한 가치는 더 클 것이다. 우리는 독서라는 행위를 통해 무언가 끊임없이 탐구하고 생각하며 공부한다. 자신에게 필요한 깨달음을 구하기 위해서는 독서의 방법, 읽기의 기술 등 그냥 책을 읽는 것이 아니라 책을 다르게 대해야 한다. 읽기만 하는 일방적one-way 독서가 아니라 책을 통해 성장할 수 있도록 책과 내가 마주하는 쌍방적 독서를 해야 한다. 어떤 책을 얼마나 읽는가보다 중요한 것은 '어떻게 읽는가' 하는 것이다. 책을 읽는 사람이 자신에게 맞는 적합한 독서의 기술을 찾아야 한다.

읽는 즐거움을 찾자

잘 아는 사람은 그것을 좋아하는 사람만 못하고,
그것을 좋아하는 사람은 그것을 즐기는 사람만 못하다.
– 공자

책이라고 해서 무조건 다 읽을 만한 가치가 있는 것은 아니다. 재미도 없고 감동도 없고 배울 만한 것도 없어서 읽고 나면 시간 낭비한 것처럼 느껴지는 책도 만나게 된다.

안상헌의 《경영학보다는 소설에서 배워라》은 비즈니스와 자기계발에서 소외받았던 소설을 통해 통찰력과 창의력을 기르는 법을 소개하고 있다. 저자는 기술만을 가르치려는 자기계발서나 답을 제시하려는 경영학 서적이 아닌 소설을 읽으라고 강조한다.

> "소설을 통해 우리는 깨달음의 지혜를 얻고, 자신의 길을 발견하여 나아갈 수 있는 힘과 용기를 얻을 수 있다. 뿐만 아니라 소설 속 다양한 캐릭터들을 접함으로써 인간에 대한 보다 깊이 있는 성찰과 이해를 얻을 수 있다."

책을 읽으려는데 어떤 책부터 읽어야 할지 고민인 사람들에게 해주고 싶은 말은 그럴듯한 스테디셀러나 고전 같은 책들에 얽매이지 말고 자신이 재미를 느낄 수 있는 책을 골라 읽으라는 것이다. 읽는 맛이 좋고, 자신의 취향과 관심 분야에 맞으며, 눈높이에 맞는 쉬운 책을 골라 읽자. 쉽게 읽을 수 있다는 것은 책을 즐겁게 읽을 수 있다는 것이다. 독서가 즐거울 수 있다면 만화책이든 무협지든 어떠한가. 대부분의 독서광들은 오히려 소설책으로 독서를 시작했다.

세계적인 경영구루인 톰 피터스는 소설을 읽는 이유에 대해 "대부분의 경영학 서적들은 답을 제시한다. 반면 대부분의 소설들은 위대한 질문을 던져준다. 그것이 내가 가르침을 얻기 위해 소설을 즐겨 읽는 이유다."라고 했다. 그는 또한 "책을 읽으려면 소설을 많이 읽고, 기업 관련 책은 가능하면 적게 읽어라. 세상의 모든 관계들은 진실로 소설 속에 있다."고 했다. 톰 피터스뿐만 아니라 대부분의 독서광들은 소설광이다. 일본의 다치바나 다카시는 직장에 들어가기 전까지 줄곧 소설만 읽었고, 안철수 교수는 어린 시절 삼중당 문고 400권을 표지가 다 해질 때까지 읽었다고 한다. 또한 용인술의 천재라고 불리는 삼성의 고 이병철 회장은 "소설 속에서는 실제 생활에서 우리가 겪지 못하는 많은 인간상들을 실제 이상으로 실감나게 겪을 수 있다."면서 소설책을 주로 읽었으며, 기회가 있을 때마다 임원들에게 소설을 많이 읽으라고 권했다.

자기계발서나 고전만이 우수한 책이라고 생각하지 말자. 위대한 소설에는 시공간을 뛰어넘어 인간의 삶을 관통하는 메시지가 담겨 있다. 정답을 제시하는 경영학이나 자기계발서 대신 질문을 던지는 소설을 읽어보자. 자신을 돌아보고 세상을 이해하며 인생에 필요한 답들을 스스로 찾을 수 있는 힘을 키울 수 있을 것이다.

《CEO의 서재》 민음사 회장인 박맹호의 서재 편에는 다음과 같은 이야기가 있다.

> "책은 무조건 쉽고 재미있어야 해요. 책이 어려우면 '흰 건 종이요, 검은 선 글씨요' 이렇게 되는 거죠. 어렸을 때 어려운 책을 읽게 하는 어른들이 있는데 제일 나쁜 겁니다. 아이들한테 책을 읽으라고 강요하면 안돼요. 서점에 가서 자기가 직접 고르게 해야죠. 자기가 골라서 재미있으면 그게 만화면 어떻고 소설이면 어떻습니까? 그런 후에야 이론적이고 아카데믹한 책도 읽을 수 있는 겁니다."

한 권을 재미있게 읽어야 100권을 읽을 수 있다. 남들이 추천하는 도서가 아니라 자신이 끌리는 책부터 먼저 읽자. 읽는 즐거움을 알게 되면 평생 손에서 책을 놓지 않게 된다. 단지 읽는 즐거움을 알지 못했기 때문에 독서를 즐기지 못하고 있을 뿐이다. 즐겁게 읽기 위해서는 이기적일 필요가 있다. 남들이 추천하는 필독서나 백만 명이 읽었다는 베스트셀러에 집착하지 말자. 남들의 기준이나 남들의 속도와 비교할 필요 없다. 책을 갖고 놀듯이 여유롭게 사색하는 독서가 창조적 인간을 만든다.

태산을 쌓는 것도 마지막 한 삽이라고 했다. 책도 마찬가지다. 한두 권 읽는다고 해서 지식의 창고가 채워지는 것은 아니다. 하지만 꾸준히 채워나가다 보면 그런 순간이 온다. 마지막으로 읽었던 한 권을 덮는 순간 아웃풋을 경험하게 되는 것이다. 독서를 하는 목적은 개별적인 지식을 얻으려는 것도 있지만 삶의 혜안을 갖기 위함, 즉 지혜를 얻고자 함이다. 지혜는 이제까지와는 다른 새로운 모습의 세상을 보게 한다. 아웃풋은 인풋을 전제로 한다. 어떤 인풋을 했느냐에 따라 아웃풋은 달라진다. 그런 점에서 독서는 최고의 인풋이다.

《종이책 읽기를 권함》의 저자 김무곤은 책 읽는 즐거움에 대해 이렇게 말한다.

> "책읽기의 쾌락은 간접경험의 세계가 우리에게 주는 선물이다. 우리 인간의 생 자체는 시간의 제약을 받고, 어느 순간 끝나게 되어 있는 게 아니던가. 사람이 한평생 살면서 만날 수 있는 사람, 가볼 수 있는 장소, 해볼 수 있는 역할은 누구에게나 제한되어 있다. 하지만 우리는 책 속에서 가볼 수 없는 곳에 가고, 머물 수 없는 시간 속에 머물고, 만날 수 없는 사람을 만날 수 있다. 책 속에서 우리는 시인이 되고, 탐정이 되고, 악당이 되고, 선장이 되고, 그리고 때로는 동물과 식물이 된다. 책 속에서 우리는 다른 사람의 행복과 불행, 연애

와 실연, 성공과 실패를 경험하게 된다. 그러므로 아무짝에도 쓸모 없는 책을 1,000권 읽은 사람이라도 적어도 1,000번의 인생은 살게 되는 것이다."

나에게 읽는 즐거움을 주었던 책들은 대부분 우연한 기회에 알게 되어 읽었던 것들이었다. 지하철 안에서 누군가 읽고 있던 책, 남의 집 거실 테이블 위에 읽히다만 채 엎어져 있던 책, 버스나 지하철의 광고판이나 무가지 신문의 귀퉁이에서 우연히 알게 된 책, 그렇게 책을 만나게 된 것은 흥미 있는 일이었으며, 책이라는 세계를 확장할 수 있는 기쁨이 되었다. 책을 만나는 이 많은 가능성을 현실로 만들려면 열린 마음이 있어야 한다. 모든 책이 재미와 감동을 주는 것은 아니다. 각자 살아온 삶의 역정과 현재 상태에 따라 영혼을 울리는 책이 될 수도 있고, 그렇지 못한 책이 될 수도 있다.

읽는 즐거움을 찾았다면 그에 못지않게 책을 고르는 즐거움도 느껴보자. 도서관이나 서점에서 뜻밖의 책이 기다리고 있을지도 모른다. 즐기는 독서가는 필요에 따라 읽는 독서가를 앞지른다. 나 역시 서점이나 도서관의 서가를 거닐다 우연히 눈에 들어온 책 한 권을 시작으로 오늘에 이르렀다. 책은 읽는 것, 고르는 것, 그리고 옆에 두는 것만으로도 즐거움을 준다. 당신도 책이 주는 즐거움을 경험할 수 있기를 바란다.

장소가 기억을 붙잡다

"당신이 어떤 것 하나를 하는 방식이 곧 당신이 모든 것을 하는 방식이다"
- 하브 애커 ≪백만장자 시크릿≫ 중에서

어느 날 책을 읽는 나를 보고 후배 L이 물었다.

"선배는 책을 많이 읽으시는 것 같아요. 그런데 다 사서 읽는 거예요?"

"응. 처음에는 나도 도서관에서 빌려서 읽었는데, 지금은 구입해서 읽어."

"아, 그래요. 그럼 책값도 많이 들겠네요. 저는 책 사는 돈은 왠지 아까운 생각이 들더라고요."

"……."

나는 책만큼 싼 물건은 세상 어디에도 없다고 생각한다. 책을 사는 것은 가장 저렴한 비용으로 자신을 가치 있게 만드는 일이다. 그럼에도 책 사는 돈이 아까워 책을 못 읽겠다는 말은 앞으로 책이라는 것은 읽지 않겠으며, 자신을 가치 있게 만들지도 않겠다는 말이 아닌가.

내가 책을 읽는 모습을 보면서 10명 중 9명이 혼잣말로 "아~ 나도 책 좀 읽어야 하는데……."라고 한다. 그들은 어떤 생각으로 책을 읽어야 한다고 말했을까? 마치 미뤄놓은 숙제처럼 언젠가 한번에 해치워버려야 할 것쯤으로 생각하고 있는 것일까? 책을 읽지 못하는 이유를 물으면 대부분의 사람들은 바쁘거나 시간이 없어서라고 대답한다. 하지만 정신없이 바쁘고, 시간이 없는 사람들일수록 더욱 더 책을 읽어야 한다. 책을 읽으면 정신없이 살지 않게 된다. 오히려 시간이 없다고 느끼는 일상 속에서 진정한 개념의 시간과 마주하게 된다.

"시간이 없어서 못 읽는 것이 아니라 읽지 않기 때문에 시간이 없는 것이다."라는 말이 있다. 스스로 생각해보자. 하루 24시간 동안 책 한 페이지를 들춰볼 수 없을 만큼 바쁘게 살아가고 있는가?

책을 읽겠다고 마음먹고 계획하지만 실행에 옮기는 사람은 많지 않다. 독서에 대한 막연한 두려움과 독서를 해야 한다는 압박감 때문이다. 또한 생각은 있지만 몸에 배어 있지 않은 습관 때문에 쉽게 잊어버리고 행동으로 옮기지 못한다. 실천하지 못하는 사람들의 특징은 '읽어야 하는데'라고 생각만 한다는 점이다. 실천을 할 때는 생각을 해서는 안 된다. 그냥 하면 된다. 실천으로 옮기는 가장 훌륭한 기술은 해야 할 일이 떠올랐을 때 즉시 행동으로 옮기는 것이다. '~ 해야 하는데'라고 생각한다는 것은 이미 '~하지 않았으면 좋겠다'라고 마음먹은 것과 같다. 아침 일찍 일어나려고 마음먹었다면 당장 해야 할 일은 알람이 울림과 동시에 자리를 박차고 일어나 찬물로 세수하는 것이다. 이와 마찬가지로 '읽어야겠다', '해야겠다'고 생각한 순간 고민하지 말고 행동으로 옮기자. 책을 읽는 가장 좋은 방법은 그냥 읽는 것이다. 그렇게 읽다 보면 습관이 되고 성격이 된다. 처음에는 독서습관을 들인 후에 독서를 하려 하지 말자. 독서를 하는 행위부터 시작해 이를 습관으로 바꿔야 한다.

또 하나, 책읽기가 쉽지 않은 이유는 습관이나 두려움도 있겠지만, 어쩌면 책을 대하는 방법이 서투르기 때문일 수도 있다.

> "책에 뭔가를 메모하려다가 왠지 주저하게 될 때가 있습니다. 당신 안에 아직도 책에 대한 고정관념이 자리하고 있기 때문입니다. 선뜻 용기가 나지 않는다면 낡은 책이나 버려도 괜찮을 만한 책을 꺼내 과감히 밑줄을 긋거나 당신의 생각을 여백에 적어봅시다. 노트라고 여기고 이것저것 생각나는 대로 써보는 것입니다.
>
> 혹시 깨끗하게 보관해 두었다가 나중에 중고서점에 팔 계획인가요? 중고서점에 책을 팔아서 얻는 이득과 책의 내용을 당신의 것으로 만들어 인생을 풍요롭게 하는 이득을 비교해보기 바랍니다. 책에서 이득을 얻기 바란다면 당신은 지금보다 적극적으로 책과 관계를 맺어야 합니다. 어떤 책을 읽든 종류와 상관없이 반드시 한 가지는 배우자는 마음가짐으로 책과 대면하고, 책에서 배웠다고 생각되는 것들을 여백에 자유롭게 적어봅시다. 그러는 동안에 책과 더 많

이 친해질 것입니다." – 우쓰데 마사미의 《수만 가지 책 100% 활용법》 중에서

아직도 나는 새 책을 함부로 다루는 것이 부담스러울 때가 있다. 빳빳한 표지, 누군가가 범하지 않은 미지의 페이지, 예쁜 띠지를 두른 위풍당당한 날선 면이 손에 착 감기는 새 책의 두근거림을 오래도록 간직하고 싶기 때문이다. 책을 구입하면 표지를 젖히고 책을 구입한 날짜, 구입하게 된 경위, 어떻게 읽고 싶다는 다짐 같은 것을 간단히 적어보자. 이렇게 하면 일단 책과 '썸' 탈 준비는 마친 셈이다. 삼색 볼펜을 곁에 두고 본격적으로 책과의 '밀당'을 즐겨보자. 책과 친해지기 위해, 책과의 관계를 돈독히 하기 위해 책을 '때로는 보물처럼, 때로는 함부로' 대해야 한다.

그리고 읽어야겠다고 생각했다면 일단 아무데서나 책을 펼쳐보자. 많은 사람들이 책 읽을 시간을 마련해야 책을 읽을 수 있다고 생각해 하루 중 책 읽는 시간을 내는 것에 우선순위를 둔다. 그리고 이동하는 교통수단, 아침 기상 후, 잠자리 들기 전 등을 이용한 책읽기를 계획한다. 하지만 이러한 시간들이 습관으로 굳어져 무의식중에 책을 펼치게 되면 모를까 정해진 시간에 맞춰 책을 펼치는 것은 독서를 처음 시작하는 사람들에게는 또 다른 스트레스가 될 수도 있다.

독서를 '해야 하는 것'이 아니라 '하고 싶은 것'으로 만들기 위해서라도 책이 주는 이로움보다는 즐거움을 먼저 찾아야 한다. 그러면 책에 대한

부담감을 조금은 떨칠 수 있다. 나도 일하는 엄마이기 때문에 책 읽을 시간을 내는 것이 자유롭지 않다. 집에서는 가사일과 육아 때문에 정해진 시간을 떼어 독서에 할애하는 것이 쉽지 않다. 아이가 잠든 후에 책 좀 봐야겠다 싶으면 차일피일 미뤄두었던 집안일에 독서는 또 미뤄지고 일찍 자려거니 했던 아이가 밤 12시가 넘어도 자지 않아 책 한 페이지를 못 넘겨보고 하루를 보내는 날도 허다했다. 시간을 기다리면 시간은 좀처럼 온전하게 와 주지 않는 것 같았다. 그래서 나는 일단 짬이 나는 대로 아무데서나 펴고 읽기 시작했다. 퇴근 후 내내 주방에서 살다시피 한 나는 밥솥에 밥이 되고 있는 시간 또는 가스불 앞에서 요리가 익는 시간 동안 책을 읽었다. 읽다 보면 책에 빠져 주방 바닥에 쭈그리고 앉아 읽기도 했고, 책을 들고 서성거리며 읽기도 했다. 예전엔 책을 읽을 수 있는 갖춰진 시간을 좋아했고, 바르고 편하게 읽을 수 있는 곳을 찾았다. 책 한 권 읽을 수 없을 만큼 언제나 시간에 쫓겨 사는 것은 아니었으나 좀처럼 시간이 나지 않을 때는 상황에 따라 바꾸고 고쳐가야 했다.

독서를 하지 않는 사람들의 이유 있는 변명은 대부분 '시간이 없다는 것'이다. 그렇다면 독서광들은 보통 사람들보다 시간이 많은 것일까? 독서광들 중에 CEO가 많은 것을 보면 꼭 그런 것은 아닌 것 같다. 그들은 도대체 언제 책을 읽는 것일까?

독서광들은 항상, 수시로, 언제나 책을 읽는다. 그들은 시간을 대하는 태도가 다르다. 시간을 최적화할 줄 아는 사람들이다. 틈만 있으면 책을 읽고 보통 사람들이 아무렇지 않게 버리는 시간의 조각들을 모아서 공격한다. 책을 읽는 시간을 확보함으로써 책을 읽을 수 있었던 것이 아니라 시간에 구애받지 않고 어느 곳에서든 책을 펼침으로써 책 읽는 시간을 만들었던 것이다. 공간이 시간을 지배하도록, 책 읽는 '순간'을 지배한 것이다. 독서를 하는 데 있어서만큼은 시간보다 공간의 결정력이 더 크게 와 닿는다.

책 읽을 시간이 생길 때를 기다리지 말고 지금 당장 책을 펼쳐 공간이 시간을 지배하도록 하자. 화장실, 침실, 거실, 식탁 등 집안 곳곳에 책을 비치하여 책을 손쉽게 접할 수 있는 환경을 만들자. 주변 환경을 바꾸는 것만으로도 독서의 새로운 가능성을 찾을 수 있다. 책이 있는 곳이면 그곳이 어디든 독서 장소가 되도록 하면, 독서 장소에 머물 때마다 자연스레 책 읽을 시간을 갖게 되는 것이다. 또한 어떤 환경에서든 책을 무척 편하게 읽었다면, 그곳이 바로 책이 원하는 환경이다. 책을 늘 가까이 하는 독서광에게는 독서 시간이 따로 없다. 매순간이 독서 시간이다. 책은 책장으로부터 탈출시키고, 스스로는 시간에 구속되지 않도록 하자.

책이 더러울수록
인생은 빛난다

독서의 진정한 유산은 메모다.
머릿속이 무언가로 반짝거렸다면 곧바로 메모를 해야 한다.
- 스티브 레빈 《전략적 책읽기》 중에서

나는 책을 참 아꼈다. 책에 밑줄을 긋고 여백에 나만의 생각을 적으며 내가 읽었던 곳을 다시 펴보고 어떻게 읽고 공부해왔는지 되짚어보는 일은 학교를 졸업함과 동시에 손을 놓았다. 어찌된 일인지 교과서 외의 책에 무언가를 쓴다는 것은 낙서를 하는 느낌이 들었기에 마냥 책을 아끼고 소중히 보았다.

EBS-TV 〈책 읽어주는 여자, 밑줄 긋는 남자〉라는 프로그램에 소개되었던 책 중에서 앤 패디먼의 《서재 결혼시키기》가 있었다. 남자는 밑줄을 긋고 메모하는 방법으로 책을 사랑하는 반면, 여자는 꼽아둔 책갈피의 두께 때문에 책이 벌어지는 것마저도 가슴 아파 구할 수 있는 가장 얇은 종이인 영수증으로 책갈피를 대신한다는 내용인데, 이처럼 책을 사랑하는 방법에 대한 관점의 차이를 '궁정식 연인'과 '육체적 연인'으로 비유했다.

"나는 사람을 사랑하는 방법이 하나가 아니듯이 책을 사랑하는 방법도 하나가 아님을 깨닫게 되었다. 그 청소부는 여인을 예의바르게 떠받드는 궁정식 사랑의 신봉자였다. 그녀에게는 책의 물리적 자아가 신성불가침이었으며, 그 형식은 내용과 분리될 수 없었다. 서점에서 막 들고 나온 그 완벽한 순결 상태를 영원히 보존하겠다는, 고귀하지만 실패할 수밖에 없는 목표를 세운 셈이었다. 그러나 패디먼 가족은 육체적 사랑의 신봉자들이었다. 우리에게 책의 말은 거룩하지만, 그 말을 담고 있는 종이, 천, 판지, 풀, 실, 잉크는 단순한 그릇이었으며, 그것을 원하는 대로 필요한 대로 무람없이 다루는 것은 결코 신성모독이 아니었다. 다시 말해 험하게 다루는 것이 불경의 표시가 아니라 친밀함의 표시였다."

책에서 중요한 것은 내용이다. 책의 여백에 밑줄을 긋고 메모하다 보면 책을 잘 읽을 수 있다. 책은 고이 모셔두기 위해 사는 게 아니다. 삶이라는 현장에서 책을 도구로 쓰려면 잘 다룰 수 있어야 한다.

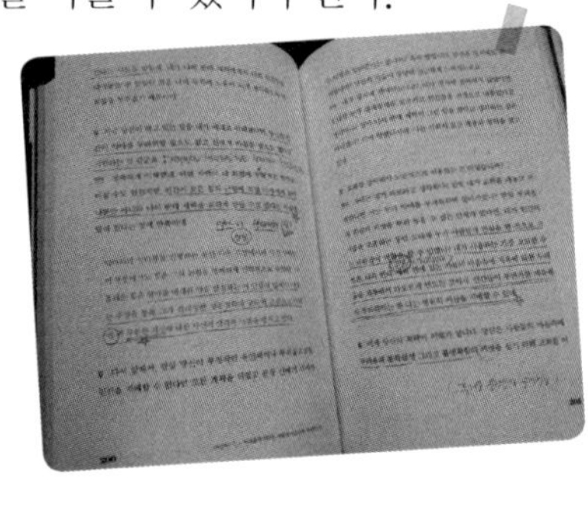

요리 보고 조리 보고 이쪽저쪽 밑줄 긋고 메모하며 책과 치열하게 씨름해야 한다. 책에 낙서를 하자. 마구 밑줄을 긋고 생각나는 대로 적어보자. 글씨체에 개의치 말고 상하 여백,

문단 사이사이마다 채워 넣자. 멋진 문장들을 만나면 펜을 들고 신나게 밑줄을 긋자. 볼펜으로도 부족하면 형광펜도 이용하고 포스트잇도 붙이자. 누구에게 보여주기 위해 밑줄을 긋고 메모를 하는 것이 아니다.

더블유 인사이츠 대표이자 내가 좋아하는 김미경 작가는 새 책을 주기에는 너무 미안할 만큼 소중한 사람들에게 자신이 읽었던 책을 선물한다고 한다. 다음은 김미경 대표가 자신의 카카오스토리에 남긴 글이다.

> "누군가 소중한 사람에게 제가 보내는 선물이 있습니다. 내가 읽었던 책. 한 장 한 장 넘기며 메모도 하고, 줄도 치고, 때론 커피 흘린 자국도 남아 있습니다. 넘기다 보면 무엇을 그리 고민했는지, 아니면 잠시 바빠서인지 오랫동안 멈춘 것 같이 벌어져 있기도 합니다. 그런 책을, 손때와 마음때가 고스란히 묻어 있는 책을 선물합니다. 내가 웃었던 부분에서 함께 웃으라고, 내가 눈물 흘린 부분에서 함께 울자고, 내가 쉬어간 곳에선 함께 쉬자고, 외로워하지 말라고, 늘 함께 있으니 걱정하지 말라고 그런 선물을 보냅니다. 내게는 새 책을 주기엔 너무 미안할 만큼 소중한 사람들이 있습니다."

상식적으로 생각해보면 보던 책을 다른 사람에게 선물한다는 것이 이해되지 않을 수 있다. 하지만 밑줄을 긋고, 생각을 글로 표현하고, 읽으면서 웃고 울며 번뇌하던 거짓 없는 모습을 기억하는 분신 같은 책을 선물하는 마음을 헤아려보면 얼마나 소중한지 충분히 공감할 만한 일이다.

만약 책을 한 권 샀는데, 읽다가 며칠 뒤 잃어버렸다고 가정해보자. 다시 읽기 위해서는 어떻게 할 것인가? 다시 사면 될 것이다. 물론 책을 두 번 샀으므로 돈이 아까운 생각은 들 것이다. 그런데 만약 밑줄을 긋고 나의 생각을 메모하면서 나만의 책으로 만들어놓은 것을 잃어버렸다면 어떻게 할 것인가? 다시 사는 것만으로는 해결되지 않을 것이다. 여러 가지 표시와 메모로 가득 찬, 세상에서 하나밖에 없는 책을 잃어버린다는 것은 상상하기도 싫은 일이다. 무지 아깝고 꼭 찾고 싶은 책일 것이다.

내가 책을 아껴 읽을 때에는 책에 아무것도 적지 못하니 불편한 것이 한두 가지가 아니었다. 책에서 읽은 좋은 글을 어딘가에 옮겨놓던지 책을 읽고 생각난 것들을 적어야 했는데, 그러려면 따로 메모지나 노트가 필요했다. 책상에서 독서를 할 때는 문제가 되지 않았지만 전철로 이동할 때나 자투리 시간에 잠깐 잠깐 읽어야 할 때 메모할 일이 생기면 참 난감했다. 그래서 '나중에 따로 메모로 옮겨둬야지' 하며 책 모서리를 접어두곤 했는데, 나중에 접어둔 페이지를 펼쳐 따로 옮겨 적으려고 하면 어찌나 그 일이 하기 싫고 귀찮던지, 언제나 다른 일과의 우선순위에서 밀려 몇 십 페이지씩 접혀 구겨진 채 책장 한 구석으로 사라지곤 했다. 그리고 책장에 꽂을 때마다 '다음에 한 번 더 읽을 때 다시 기록해두어야겠다'고 다짐했다. 하지만 그럴 여유는 쉽게 찾아오지 않았다.

외국의 어느 소설가는 책 자체를 '노트'로 만들어서 저자의 의견에 '찬성', '반대', '이해' 표시를 하는데, '반대'인 경우에는 근거와 이유를 써넣고 좀 더 개선적인 자신의 생각을 써두며, 이해한 척하지 않고 계속 의문점을 써넣으며 완성 후에는 사람들과 의견을 나눈다고 한다.

그는 런던 유학 시절, 도서관에 거의 가지 않는 대신 유학비용의 3분의 1에 해당하는 돈으로 많은 책을 사들였다. 빌린 책에는 써넣을 수 없기 때문이다. 그가 읽은 책에는 조사한 내용, 의문점, 반론, 자신의 새로운 생각이 빈틈없이 적혀 있다. 책과 대화함으로써 자신의 가치관을 키우고 해외에서 다양한 시간을 길렀던 것이다.

작가의 말처럼 '써넣는 작업'이 습관이 되고 점점 능숙해지면, 영화나 음식 비평, 토론 프로그램, 스포츠 중계, 인터넷이나 트위터 등 주변의 다양한 정보가 진짜인지 가짜인지 간파하는 미디어 리터러시(media literacy: 미디어의 정보를 비판적이고 창의적으로 해석할 수 있는 능력)가 생긴다고 한다.

서울의 한 도서관에서 진행한 캠페인 중에 〈밑줄 긋기에 빠지다〉라는 프로그램이 있었는데, 반응이 아주 좋았다고 한다. 독서 분위기 확산에 기여하고 책을 매개로 한 도서관 중심의 토론문화를 활성화하기 위한 일환으로 밑줄 독서법을 소개하겠다.

"'밑줄독서법'은 독서 중 감동을 주는 문장에 밑줄을 긋고 참가자들이 다른 사람들과 함께 밑줄과 책의 주제에 관한 이야기를 함께 나누며 독서노트에 옮겨보는 방식의 독서법입니다. 이를 통해 책을 여러 번 읽는 효과를 내고 참가자 내면의 힐링 효과도 얻을 수 있습니다."

책은 본인의 돈으로 구입하도록 하자. 자비로 구입한 책일수록 욕심이 생겨 진지하게 독서에 임할 수 있다. 대출기한에 맞춰 책을 반납해야 하는 것도 귀찮은 일이고, 밑줄을 긋거나 너덜거릴 정도로 읽어야 한다면 도서관에서 빌려 읽는 것도 권장하지 않는다.

"청춘의 무기는 밑줄로 만든다. 책을 읽어본 사람은 누구나 책에 남기는 밑줄을 안다. 밑줄은 책 속에 숨어 있는 가느다란 하나의 줄이 아니다. 밑줄은 쓰여야 한다. 밑줄은 청춘이 써야 할 칼이고, 방패고, 전사의 눈이다. 가느다란 줄 하나를 양옆으로 잡아당기면 끊어진다. 그러나 그 줄을 겹겹이 쌓아 여러 뭉치로 만들면 끊어지지 않는다. 그 줄을 연결connection하고 조합combination하면 새로운 '무엇'을 창조creation할 수 있다. 그 무엇을 만들 수 있는 밑줄이 청춘의 밑천이다. 밑줄은 비비 꼬인 문제를 해결하는 실마리고, 단서고, 유레카다. 전에 보이지 않는 것을 보게 하는 새로운 눈이고 꿰뚫어보는 안목이다."

– 이효정의 《언더라인》 중에서

나만의 책을 완성하자. 책에 밑줄을 긋고 낙서를 하면서 읽어두면 나중에 다시 읽을 때 "아. 내가 이때 이런 생각을 했었구나." 하며 자신이 어떤 삶을 살았는지 떠올려볼 수 있다. 또한 그때와 다르게 또 다른 곳에 밑줄 칠 준비를 하며 있을지도 모른다.

행간을 읽는 것에서 더 나아가 '행간에 기록하라'. 자신의 언어로 행간을 채워가다 보면 저자와 나, 너와 우리, 주변 사람들과 더불어 시대를 이해할 수 있고, 자기 안에서 새로운 눈을 뜨게 된다. 무차별적으로 책에 그은 밑줄은 차별화된 삶으로 인도할 것이다. 여백은 사색하는 자를 위한 훌륭한 공간이다.

읽고 정리하는 북마인드맵

책읽기에도 방법이 있다. 수동적 독서법은 효과가 작다.
읽은 것을 눈앞에 그려보도록 해야 한다.
– 오즈월드 에이버리

책을 읽고 생각만 하는 것과 글로 써보는 것에는 큰 차이가 있다. 독서를 마쳤으면 종이에 뭔가 써보자. 좋다, 싫다 등 간단한 자기감정부터 저자의 생각에 빗댄 나의 생각, 또는 읽고 난 후의 간략한 소감 등 어떤 내용이든 좋다. 다 쓴 후에는 읽은 내용을 다시 읽고 생각해보는 것이다. 책의 중요한 내용을 이해하고 그 깨달음을 자신의 삶 속으로 들여와 재창조하는 일이야 말로 독서로 삶을 성장시킬 수 있는 최고의 일이다. 지식의 넓이는 책을 읽는 것만으로도 확장될 수 있지만, 읽고 정리하여 종이에 적어 내 것으로 만들면 지식의 넓이 못지않게 깨달음의 깊이 또한 커지게 된다.

나도 처음엔 독서노트를 구입하여 책 제목과 감명 깊게 읽은 페이지를 기록하고 좋았던 구절을 옮겨 적거나 그에 대한 소감을 적었다. 그런데 내가 사용하고 있던 독서노트는 책 한 권에 대해 적을 수 있는 페이지가 고작 두 페이지 분량밖에 되질 않아 포스트잇에 기록하여 붙이는 방법으로 독서노트를 작성해야 했다. 독서노트의 효율성을 높이려면 내가 언제 이러한 책을 읽었고, 이때 느낌이 어땠는지 상기할 수 있어야 한다. 그러려면 노트를 자주 들춰봐야 하는데 한 가지 문제점이 생겼다. 책을 읽고 기록할 때는 '나중에 보더라도 기억이 나겠지'라고 생각했는데, 수일이 지난 후에 읽어보니 당시의 감정도 안 생기고 왜 이런 글을 쓰게 되었는지 앞뒤 연관성을 읽어낼 수가 없었다. 정리가 되려면 눈으로 볼 수 있도록 구조화되어야 한다. '오늘의 할 일' 같은 메모를 하는 이유도 일목요연하게 정리된 하루 계획표를 보면 머릿속으로 생각하는 것보다 일의 완성도 면에서 훨씬 효율적이기 때문이다. 그러다 생각해낸 것이 토니 부잔의 《마인드맵》을 활용한 북마인드맵이었다. 이를 활용하면 연상결합과 강조를 통해 두 번 읽는 효과를 얻을 수 있다.

토니 부잔이 말하는 마인드맵을 정의하면 다음과 같다.

> "마인드맵은 방사사고를 표현한 것이다. 그러므로 인간 마음의 자연적 기능이다. 또한 그것은 잠겨 있는 두뇌의 잠재력으로 들어갈 수 있는 만능열쇠를 제공하는 강력한 그래픽 기술이다. 마인드맵은 실생활의 모든 면에 적용할 수 있고, 학습을 향상시키고, 사고를 명료하게 하여 인간 활동의 질을 높여줄 것이다. 마인드맵은 다음과 같은 네 가지 중요한 특징을 지니고 있다.

1. 주의를 집중할 주체는 중심이미지에서 구체화된다.
2. 주제에 대한 주요 테마는 중심이미지에서 나뭇가지처럼 방사상으로 뻗어나간다.
3. 연상결합으로 연결된 가지 위에 키이미지나 키워드를 올린다. 이때 덜 중요한 주제는 상위 가지에 하위 가지로 연결하여 표현한다. 즉, 중요도에 따라 상위 가지와 하위 가지로 구분하여 연결한다.
4. 가지는 마디가 서로 연결되어 있는 구조를 취한다."

마인드맵은 두뇌의 저장 용량과 저장 효율을 구별할 수 있도록 도와준다. 자신의 저장 용량이 어느 정도인지 실제 맵핑을 통해 파악할 수 있게 해주고, 목표를 달성하는 데 효율적일지 아닐지를 알 수 있게 해준다. 효율적인 자료 저장은 용량을 배가시킨다. 이것은 마치 잘 정리된 창고와 그렇지 않은 창고, 책이 잘 분류되어 있는 도서관과 그렇지 못한 도서관의 차이점과 같다.

현재 우리가 사용하는 전통적인 직선식 노트 필기는 좌뇌 중심의 선형 생활방식으로 기억하기 어렵고 두뇌에 창의적인 자극을 주지 못한다. 이제 우리는 마인드맵을 사용하여 이미지, 색상, 심볼, 입체 등 두뇌로 들어가는 각각의 정보, 즉 모든 감각과 기억과 생각을 하나의 중심에서 수십, 수백, 수천, 수백만 개의 갈고리들이 방사상으로 뻗어나

가는 형상으로 표현할 수 있다. 새로운 사고를 통합하고 방사사고로 조직화하는 방법을 사용하면 학습은 더욱 더 쉬워진다. 마인드맵을 이용한 독서노트의 장점은 첫째 책의 내용 정리를 한눈에 파악할 수 있고, 둘째 한 페이지로 정리하면서 핵심 키워드와 문장을 빠르게 읽어낼 수 있으며, 셋째 자신이 느끼고 생각한 것을 정리하여 이를 언제 어디서든 활용할 수 있다. 마지막으로 책의 기본 정보(저자, 출판사 등)를 기억할 수 있다. 마인드맵을 이용한 독서노트 작성법을 살펴보자.

1. 우선 A4 용지를 펴놓고 중앙에 책의 제목을 적는다.
2. 중앙에 쓴 제목에다 큰 가지를 그리고 책의 대목차를 표현한다.
3. 큰 가지에 작은 가지를 그리고 대목차 부분에 세부목차를 표현한다.
4. 책을 읽으면서 세부목차별로 내용을 정리하며 마인드맵을 작성한다. 정리하면서 공간이 부족하면 포스트잇을 활용하여 정리해나간다.
5. 책의 내용을 모두 정리했으면 책의 목차 부분에다 작성한 북마인드맵을 붙여놓으면 필요할 때마다 한눈에 파악할 수 있다.

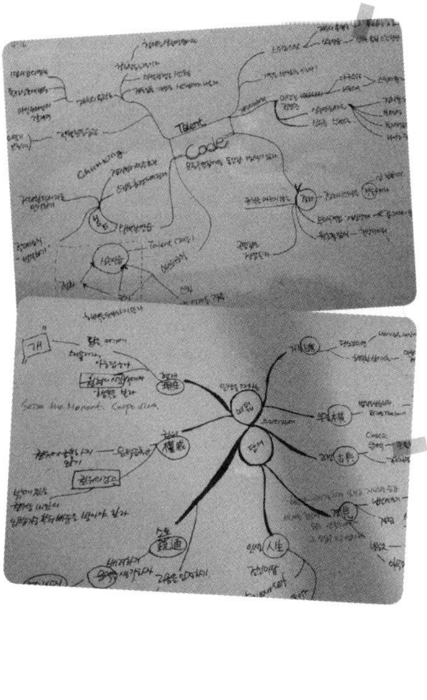

마인드맵은 자신이 관심 있는 생각이나 문제를 포괄적으로 조사하고 끊임없이 연상결합을 일으키고 그 생각이나 문제를 확장시키게 함으로써 일차원적인 직선식 사고방식에서 이차원적인 수평적 사고를 거쳐 다차원적인 방사사고로까지 발전시킬 수 있다. 사람은 생각하는 것만으로는 정리가 되지 않는다. 정리가 되려면 눈으로 볼 수 있게 구조화되어야 한다. 내일 할 일을 단순히 머릿속으로만 정리해서 실천하는 것과 '하루계획To Do List' 형식으로 일목요연하게 적은 후 실천하는 것은 일의 능률이 성과 면에서 큰 차이를 불러온다. 뻔히 아는 것처럼 생각되는 내용도 글로 보면 느낌이 달라지고, 알지 못했던 부분들의 의미를 다시 새겨볼 수 있으며 훨씬 더 많은 것들을 얻을 수 있다.

책을 읽어가면서 마인드맵을 하는 것과 다 읽은 후에 마인드맵을 하는 것은 차이가 있다. 전자는 책에서 전개되는 지식의 패턴을 반영하며 저자와 지속적으로 '대화'를 하는 것과 비슷하다. 이 방법은 정보의 핵심을 얼마나 잘 이해하고 있는지, 초점은 잘 맞추고 있는지를 계속 확인하게 해준다. 그리고 후자는 책의 내용을 완전히 이해한 후 마인드맵으로 표현한다는 것을 의미한다. 이러한 마인드맵은 책을 초점에 맞추어 제대로 이해하게 해주기 때문에 복습이 따로 필요하지 않다. 단순히 저자의 생각을 마인드맵 형태로 옮기는 것이 목적이 아니라 자신의 배경지식에 저자의 생각을 조직화하고 통합하여 특정 목표에 맞추어 이해하고 해석하는 것이다. 따라서 마인드맵은 자신이 읽은 것에 논평, 생각, 창의적인 이해를 더해야 한다.

눈을 감고도 책 한 권의 내용들이 머릿속에 정리되고 자신 있게 표현할 수 있으면 완성된 독서라 할 수 있다.

이제 한 권의 책을 읽고 마인드맵을 만들어보자. 책을 읽어나감과 동시에 마인드맵을 할 수도 있고, 책을 읽으면서 표시해두었다가 나중에 마인드맵을 완성할 수도 있다. 효과 면에서는 차이가 없으니 개인이 편한 방식으로 하면 된다. 북마인드맵을 완성한 후에는 그것으로 그치지 말고 읽은 것을 이해하고 언제든지 기억해내기 위해 복습해야 한다. 자, 이제 몇 개의 색볼펜과 흰 종이를 준비하자. 내가 읽은 책의 내용을 장기기억 속에 저장하자.

나만의 서재를 가져라

한 사람의 서재에 진열된 책들을 보면 그 사람이 어떤 사람인지 알 수 있다.
- 니콜 라피에르

어떤 책을 어떻게 읽을지 못지않게 중요한 것이 '어디서 읽을 것인가?' 하는 장소의 문제다. 남의 집에 방문했을 때 내가 가장 먼저 살피는 곳이 그 집의 서재다. 서재라고 하면 뭔가 거창하고 그럴듯해 보이지만 그냥 그 집의 책장을 구경하는 것이다. 서재에 책 대신 컴퓨터가 자리하고 있지는 않은지, 책은 책장에 꽂혀진 장식품에 지나지 않는 것은 아닌지, 읽지도 않는 양장본 전집이 해묵은 먼지 속에 쌓여가고 있지는 않은 등 책장을 찬찬히 훑어보고 있노라면 집주인이 어떤 사람인지 그 사람의 내면세계가 대충 짐작이 된다. 남의 서재를 둘러보는 것은 그 사람의 머릿속에 들어갔다 나오는 것과 같다. '나만의 도서관, 서재 갖기'가 유행처럼 번지면서 서재를 어떻게 꾸밀까 고민하는 사람들이 많았다. 독서에 대한 관심이 높아지면서 사람들은 북카페처럼 거실을 꾸민다든가, 침대나 주방에서 독서를 가능하게 한다든가, 베란다 등 죽은 공간을 활용하여 책 읽는 공간을 재탄생시키기 시작했다. 사람들이 각각 자신만의 성격을 갖고 있듯이 그 사람의 서재는 그만의 고유한 특성을 가지고 있다.

일본의 독서가 센다다쿠야는 그의 저서《인생에서 가장 소중한 것은 서점에 있다》에서 "해외여행 대신 당신의 책장으로 여행을 떠나보라." 며 이렇게 말한다.

> "당신에게는 책장이 있는가? 서재가 있는가? 그렇다면 책장을 한 번 찬찬히 관찰해보길 바란다. 대개 그 사람의 책장을 보면 그 사람을 알 수 있다. 책장에 꽂힌 책과 그 배열은 그 사람이 마음먹고 결정을 내린 결과물이기 때문이다. (……) 자아를 찾기 위해 회사에 사표를 던지고 훌쩍 여행을 떠나는 사람도 있다. 하지만 나 자신을 그렇게 먼 곳에까지 가서 찾을 필요가 없다. 물론 낯선 곳에서 자기를 객관화해 발견하는 것도 좋은 경험이다. 하지만 굳이 여행을 떠나지 않아도 자아 찾기의 본질은 서재의 책장처럼 언제나 가장 가까운 곳에 있기 마련이다."

그렇다면 서재를 갖는다는 것은 어떤 의미일까? 아주 작은 공간이라도 독서만을 위한 공간이 필요한 이유는 무엇인가? 책을 읽기 위해서는 혼자만의 시간, 남에게 방해받지 않는 자유로운 시간과 더불어 현실의 공간을 떠나 수많은 유혹으로부터 벗어나 독서에 집중할 수 있는 공간이 필요하다. 도처에 널린 유혹의 고리를 의지로 이겨내기란 쉽지 않기에 유혹을 단절하기 위한 하나의 장치로 독립적인 서재가 필요한 것이다. 아주 작은 공간이라도 독서만을 위한 나만의 공간은 현실의 수많은 유혹으로부터 벗어나 온전히 책에 몰입하여 집중할 수 있도록 해준다. 집에서도 따로 책을 읽을 수 있는 공간에서 읽으면 몰입도가 엄청 높다. 나 같은 경우만 해도 그렇다. 서재에 들어가 책하고만 있으면 다른 일에는 신경이 덜 쓰인다. 그러나 거실 소파나 침대, 주방식탁, 사무실 등에서 책을 읽으면 방에서 읽을 때보다 유혹이 많다. 책을 읽다 눈을 들어 바라본 바깥풍경에 잠시 읽었던 내용을 정리하다가 이내 더러워진 베란다 창문이 눈에 띄어 책을 읽다 말고 유리창을 청소한 적도 있다. 물론 어디서든 어떤 것에도 방해받지 않고 책을 읽는 사람도 있겠지만 집안 곳곳 설거지, 청소, 다림질, 빨래 등 나의 손이 거쳐야 하는 곳이 무차별적으로 시야에 들어오면 나의 뇌는 허드렛일 셀프 노동 시스템이 풀가동되면서 '저 일을 빨리 해치워야 된다'라는 생각과 동시에 몸이 움직인다. 과거 우리 조상들도 독서에 집중할 수 있는 공간을 따로 만들어 그 어떤 공간보다 소중하게 여겼다고 하는데, 수많은 유혹 속에 살고 있는 현대인들이 과연 '책을 읽겠다'는 의지 하나만으로 유혹을 이겨낼 수 있겠는가.

중국 명대의 학자 문진형은 '성시산림城市山林'에 이렇게 썼다.

"굳이 도시 안에 거처를 마련하려거든 현관과 정원을 깨끗이 하고, 집 안을 말끔히 치우며, 정자는 넓은 땅의 기운을 품도록 하라. 또한 서재와 누각은 안정된 곳에 세우고, 좋은 나무와 흔치않은 대나무를 심으며, 오래된 책을 진열해두라. 거기 머무르는 자는 늙지 않고, 잠시 들른 자는 돌아갈 줄 모르며, 즐기는 자는 피로를 잊게 되리라."

누군가의 버킷리스트 목록에 꼭 들어가 있는 '나만의 서재 갖기'. 물론 여기에는 자기만의 수식어가 붙긴 하지만, 어쨌든 TV든, 영화 속이든, 상상 속이든 자신이 꿈꾸는 서재를 갖는다는 것은 서재의 주인인 책이 아직까지 외면당하지 않았다는 증거일 것이다. 책을 읽는 사람이든 안 읽는 사람이든 멋진 서재에 대한 로망은 누구나 가지고 있고, 그런 그림 같은 서재의 사진을 보면 가슴이 뛰고 '갖고 싶다'라는 마음이 생긴다. 나도 서재가 무척 갖고 싶었던 적이 있었다. 서재는 고사하고 가족들과 독립된 곳에서 누구에게도 방해받지 않는 나만의 공간을 갖는 것이 소원이었다. 결혼 후 아이가 태어나고 시부모님 댁에 들어가 함께 생활한 적이 있었다. 안방을 내어주셔서 그곳에서 세 식구가 지냈는데, 침대와 장롱, TV장까지 꽉 들어차 있어서 책을 읽을 수 있는 공간이 없었다. 아기를 재우고 침대에 기대어 읽기도 했지만, 넓은 책상과 창이 있는 그런 곳에서 책도 읽고 글도 쓰며 나만의 시간을 갖고 싶었다. 따로 서재가 없으니 주로 주방에 나와 식탁에서 책을 읽었는데, 6인용 식탁이 넓어서 여러 책들을 펴놓고 읽기에는 좋았다. 저녁시간이면 시부모님께서 TV를 보셨지만, 특별히 TV 소리 때문에 집중이 안 되거나 하는 것은 없었다. 어쨌든 난 그곳에서 살았던 2년 동안 식탁을 책상삼아 몰입독서를 했다.

지금은 책장이 있는 나만의 책 읽는 공간을 갖고 있지만, 아직도 내가 꿈꾸는 이상적인 서재 갖기를 소망하고 있다. 예쁜 서재 사진을 보면 휴대폰에 저장해놓고 보면서 언젠가는 나도 이런 서재에 앉아 책을 읽을 것이라고 기대해본다.

지금 당장 서재가 없다고 해서 실망하지 않기를 바란다. "어떤 책은 주방에서 읽히고 어떤 책은 거실에서 읽힌다. 그러나 진정으로 좋은 책은 아무데서나 읽힌다."라는 토머스 챈들러의 말처럼 책 읽는 장소가 어디든 그곳을 힐링 스페이스로 삼으면 된다.

독서만큼 장소를 불문하고 할 수 있는 것도 없다. 운동, 여행, 공연관람처럼 정해진 장소나 번거로운 준비도구도 필요 없다. 그저 책 한 권이면 장소가 어디든 상황에 따라, 기분에 따라 서재에서 읽는 것보다 더 많은 깨달음을 얻을 수도 있다.

일과를 마치고 집에 돌아와 피곤한 몸을 따뜻하게 씻고 등받이가 있는 푹신한 소파에 누워 맨발의 보드라운 감촉을 느끼며 책을 읽는 행복한 시간을 누려도 되고, 주부들이라면 예전의 나처럼 주방 식탁에 예쁜 스탠드 등을 하나 켜고 문학소녀의 꿈을 펼쳐보는 것도 좋을 것이다.

책 읽을 시간이 없다면 잠들기 전 단 몇 분만이라도 하루를 마감하는 마지막 장소인 침대에서 읽어보자. 나 역시 책상이 없던 시절에는 주로 침대에서 책을 읽었다. 식구들이 모두 잠들면 아내, 엄마, 며느리가 아닌 나 자신으로 돌아와 머리맡에 스탠드를 켜고 읽고 싶은 책을 읽었는데, 그 시간이 너무나 행복했다.

공원이든, 카페든, 지하철이든 장소가 어디라도 관계없다. '나는 어떤 장소에서 가장 행복한가?', '나는 어떤 장소에서 책이 가장 잘 읽히는가?'를 생각해보자. 서재라는 공간에 한정되기보다는 내가 머무는 크고 작은 공간 중 몸과 마음이 행복해지는 곳을 서재로 생각하고 책을 읽으며 사색하는 정신적 삶의 공간을 찾아보자. 그곳이 힐링스페이스이자 서재다.

오직 읽는 것만이 남는다

만 사람이 반드시 읽어야 한다는 책이란 이 세상에 없다
다만 어떤 사람이, 어느 때, 어느 곳에서, 어떤 부여된 사정 아래서,
일생의 어느 시기에 읽지 않으면 안 될 책이 있을 뿐이다.
- 임어당

"내 언어의 한계는 내 세계의 한계다."
언어철학자인 비트겐슈타인의 말이며, 나의 다이어리 앞장에 큼직하게 프린트되어 있는 글이다. 자신을 둘러싼 세계를 규정하는 것은 자신이 쓰는 언어다. 언어가 없다면 그 무엇도 정의 내릴 수 없으며, 그것이 한계에 이르면 곧 그 세계도 한계에 이르게 된다. 나는 갇힌 세계에 남고 싶지 않다. 독서를 통한 언어의 확장만이 그 한계를 무너뜨릴 수 있다.

좋은 책은 심장을 뛰게 한다. 좋은 책과의 만남은 좋은 사람을 만나는 것 못지않게 축복이다. 우리는 살아가면서 어떤 때, 머리와 몸이 아닌 영혼이 갈구하는 어떤 책을 만나게 된다.

돌이켜보면 오랜 동안 여운을 남기며 기억에 남아 인생의 전환점을 맞이하게 해준 '나를 위한 책'은 느닷없는 선물처럼 다가왔다.

10년 전 잠시 휴직을 하고 집에서 쉬고 있을 때, 어느 날 함께 살던 친

구가 자신의 책장을 정리하던 중 책꽂이에서 책 두 권을 꺼내 "한번 읽어봐, 괜찮더라."라며 건네주었다. 총 세 권의 시리즈로 되어 있는 책이었는데, 내게 준 것은 그중 첫 번째 이야기가 빠진 두 번째와 세 번째 책이었다. 나는 원래 책이건 영화건 TV드라마이건 처음을 보지 않으면 그 다음은 아예 볼 생각도 하지 않는데, 그땐 웬일인지 두 번째 책부터 읽어도 될 것 같다는 생각에 책을 펴고 읽기 시작했다. 겨우 반 페이지 읽었을까? 나는 책장을 덮을 수밖에 없었다. 더 이상 읽지 않으려고 덮은 것이 아니었다. 마치 내가 처한 현실을 다 알고 있는 듯, 나에게 지금 어떤 것이 필요한지 그래서 어떤 부분을 채워야 하는지 나지막한 음성으로 이야기해주는 것 같았다. 나는 읽으면 읽을수록 더욱 놀랄 것 같아 마음을 진정시키려고 잠시 멈췄던 것이었다. 그해 여름과 가을에 걸쳐 나는 2권 → 1권 → 3권의 순서로 책을 읽었다. 그때 그 책에서 받은 시적충격은 굉장한 것이었으며, 나는 그전까지 내가 바라보고 있던 세상에 대한 편협한 사상, 철학, 종교, 관념에 대한 사고를 다시 정리할 수 있었고, 세상을 다른 관점으로 볼 수 있는 혜안을 갖게 되었다. 반성과 눈물, 그리고 깨달음과 환희가 범벅이 되었던 책읽기는 "한번 읽어봐, 괜찮더라."가 아니라 "꼭 읽어봐, 인생이 달라질 거야."로 바뀌어 있었다. 우연한 기회에 찾아온 이 책과의 만남은 나의 내면을 들여다보게 하는 힘을 주었다. 내 삶은 이 책을 읽기 전과 읽은 후로 나뉜다고 해도 과언이 아니다. 일이 잘 안 풀릴 때나 잠시 현실에서 동떨어지고 싶을 때면 아무 페이지나 펴서 읽어도 마음이 진정되며 열정, 희망, 의지 등 무수한 에너지가 내 안을 가득 채우는 것 같은 기분이 든다.

독서는 이런 책을 만나기 위해 떠나는 여행이 아닐까? 프란츠 카프카는 "책은 우리 안에 있는 얼어붙은 바다를 깨뜨리는 도끼가 되어야 한다."고 했다.

눈을 뜨게 해주는 책, 생각 없이 살아온 나의 뒤통수를 치는 책, 이러한 책들을 통해 자신감을 얻고, 살아갈 희망을 찾게 되며, 좀 더 멋지고 아름다운 세상을 살기 위한 노력을 하게 된다. 나를 위한 책이 어떤 것인지 가장 잘 아는 사람은 바로 나 자신이다. 읽기 전에는 그 누구도 자신이 진정 하고 싶은 것이 무엇인지, 원하는 것이 무엇인지 모른다. '우연'이 주는 뜻밖의 즐거움을 발견하는 일은 '좋은 책을 읽으라'는 가르침에만 한정되지 않는다. 시행착오를 통해 독서안목을 기르고 자신만의 관심사를 찾아 독서패턴을 만들고 쫓다보면 자연스레 도서목록이 차곡차곡 쌓인다.

벼락치기 공부가 머릿속에 쏙쏙 더 잘 들어오는 경험이 있을 것이다. 시험을 다 치루고 나면 일순간 안개 걷히듯 머릿속이 깨끗해져 있겠지만, 시간이 없다는 긴장감 속에서 이뤄지는 행위가 몰입을 향상시키는 것은 사실이다. 독서 또한 마찬가지다. 책 읽을 시간이 주어지면 오히려 읽지 않는 것 같다. 결혼하고 시댁 식구들과 함께 살 때는 나만의 장소가 없어서 늘 책을 읽을 수 있는 공간을 그리워했다. 그럼에도 생각해

보면 지금보다 그때가 훨씬 더 많은 책을 몰입해서 읽은 듯하다. 온 가족이 거실에 모여 TV를 시청할 때도 책 읽는 내게는 TV 소리 따위는 들리지 않았다. 누가 뭘 하든 아랑곳하지 않고 식탁 한쪽에서 책을 펴고 읽고, 밑줄 긋고, 필사하며 집중했다.

지금처럼 장소나 시간 등 여유를 부릴 수 있는 환경에서는 절대 찾아볼 수 없는 최고의 집중력으로 몰두했고, 뭔가 하고 싶다는 열망도 컸다. 그때 읽었던 책들은 내가 또 다른 도전을 준비할 때 많은 도움이 되었다. 또한 여러모로 팍팍했던 당시의 삶을 풍요로운 미래로 보장받을 수 있다는 신념을 갖고 버틸 수 있게 해주었다. 시간도 부족했고 할 일도 많았지만 '책을 읽어야 한다, 책을 읽고 싶다'는 절박함이 짧은 시간을 효율적으로 사용하게 했던 것이다.

언젠가 외부 교육을 받던 중 강의 마지막 날 담당 지도교수가 수강생들에게 당부했던 말이 떠오른다. "책을 많이 읽으세요. 시간이 없다는 것은 변명입니다. 지하철을 탈 때 꼭 책을 들고 타세요. 출퇴근 시 지하철에서 읽을 수 있는 양만 따져도 한 달에 2~3권 이상은 읽을 수 있습니다. 그렇게 쌓인 독서량이 삶에 어떤 변화를 가져올지 알 수 없습니다. 독서를 게을리하지 마세요."라며 강의의 끝을 맺었다.

자투리 독서를 우습게 알면 안 된다. 자투리시간을 독서로 채우는 것만큼 생산성 있고 보람된 일은 없다. '한 줄, 한 페이지 읽는다고 뭐가 달라지겠어?'라고 생각할 수도 있겠지만, 그 한 줄에서 인생을 건져낼

한마디 가슴 깊은 명언을 만날 수 있을지도 모르는 일이다.

지인 중에 한때 자살을 생각할 만큼 힘들고 고통스러운 나날을 보낸 이가 있다. 그녀는 미움, 분노, 배신으로 얼룩진 힘겨운 날들을 보내다가, 이를 극복하기 위해 많은 책을 읽기 시작했다. 하지만 하나 같이 그녀의 행동을 질책하거나 개선하라는 내용뿐이었다. 그러던 중 우연히 펼쳐든 성경책에서 "분노를 품고 잠들지 말라."는 구절을 읽게 되었다. 그녀는 자신을 둘러싼 온갖 문제들로부터 벗어나기 위해 안간힘을 쓰는 대신 모든 것을 내려놓고 그 성경 한 구절만 실천에 옮겨보기로 했고, 그것으로 평온에 이를 수 있게 되었다.

18세기 프랑스의 작가이며 대표적 계몽사상가인 볼테르는 "당신은 책이라는 것을 좋아하지 않을지도 모른다. 그런 당신은 분명히 부질없는 야심과 쾌락에만 몰두하고 있을 것이다. 그러나 세상은 당신이 생각하는 것보다 훨씬 광범위하며, 그 세계는 책에 의해 움직이고 있다는 것을 알아야 한다."고 말했다. 한 권의 책에는 한 사람의 생각과 인생이 담겨 있다. 그리고 그 안에는 우리가 경험하지 못한 또 다른 세상이 존재한다. 책을 읽는 사람이 반드시 세상을 이끌어가는 것은 아니지만, 세상을 이끌어가는 사람들이 반드시 책을 읽는 것만은 틀림없다. 사람들은 모두 각자만의 스토리를 가지고 있다. 자신만의 경험으로 얻는 것은 그 무엇과도 견줄 수 없는 귀중한 자산이다. 타인의 생각을 가장 쉽고 효율적으로 접할 수 있는 책, 세상은 그 책에 의해 움직이고 있다는 말을 부정할 수는 없다.

영화평론가 허지웅의 SNS에 다음과 같은 글이 올라왔다. 나 역시 그의 말에 지극히 공감하는 바이다.

> "잠자고, 밥 먹고, 화장실 가는 시간 빼고는 책만 읽었던 시절이 있었다. 이제는 하루 십오 분이라도 시간을 쪼개어 읽어야 한다. 재미있는 건 하루를 아무리 바삐 보내봤자 결국 그 시간만이 온전히 남는 장사라는 생각을 자주 하게 된다는 거다. 책을 읽지 않으면 내가 아는 것들 사이에 연결고리를 만들어내는 능력을 잃어버린다. 하이퍼링크가 없는 웹상의 DB를 상상해보라. 그건 아무짝에도 쓸모가 없다. _티비만 보면 테이스트가 없는 사람이 되고, 인터넷만 보면 자기가 해보지 않은 모든 것을 불편하게 여기거나 틀렸다고 말하게 되며, 경험만 많이 쌓으면 주변 세계와 격리된 꼰대가 됩니다. 종류가 무엇이든 책을 읽으세요. 가장 오랫동안 검증된 지혜입니다."

그가 책 읽는 것만이 남는 장사라고 생각하는 것처럼, 내게도 오직 읽은 것만이 남았다.

3

인생을 바꾸고 싶다면 책읽기에 투자하라

독서, 그리고 적자! 생존을 위해

종이에 펜으로 선을 그을 때,
우리는 즐겁게 내면의 위대함을 꺼내는
즐거운 지적 여행을 떠나게 된다.
-《탁월함에 이르는 노트의 비밀》 중에서

적자생존의 법칙은 생존경쟁의 원리에 대한 개념을 함축하고 있다. 이는 진화론 분야에서 처음 사용된 용어로 환경에 가장 잘 적응하는 생물이나 집단이 살아남는다는 법칙이다. 나는 독서도 이와 같다고 생각한다. '무한경쟁시대에 책읽기 통한 자기계발 및 사아성찰과 깨달음으로 한 단계 더 진화하고, 습관화된 독서능력을 통해 어떤 환경에서도 굴하지 않고 읽는 자만이 살아남는다'는 것과 '적는 자가 생존한다'라는 것이다.

나는 소위 말하는 문구덕후(?)다. 사전적 정의는 없으나 만화, 영화, 게임 같은 비주류 문화의 팬을 일컫는 '오타쿠'라는 일본어를 한국식 표현으로 '오덕후', '덕후'라고 하는데, '특정 취미에 강한 사람'이나 '특정 분야의 전문가'라는 의미를 담고 있다. 한마디로 광적狂的인 사람을 뜻하는데, 그런 점에서 나는 문구류를 광적으로 좋아하는 사람이다.

나는 글을 쓰는 도구에 대한 남다른 애착과 소유욕이 있다. 의류나 화장품 매장보다 문구점에 갔을 때 사고 싶다는 충동이 더 발생한다. 솔직히 '사고 싶다'는 생각보다 '사고야 말겠다'는 굳은 의지라는 표현이 맞겠다. 볼펜부터 형광펜에 이르기까지의 형형색색의 펜, 아기자기한 메모지부터 포스트잇, 딱히 붙일 데도 없는 빈티지한 라벨스티커와 마스킹테이프까지 각종 문구류를 보면 흥분이 가라앉지 않는다. 요즘 대형서점에는 문구류를 판매하는 코너가 있는데, 서점에서 책 한 권을 고른 후에는 참새가 방앗간을 지나치지 못하듯 문구점에 들르게 마련이다. 이것저것 만져보고 써보며 구경하다 보면 어느새 시간이 훌쩍 간다.

특히 문구점에 들르면 꼭 사는 게 있는데, 바로 펜과 메모지 또는 노트패드다. 나는 펜에 따라 글씨체가 바뀐다. 좋은 습관은 아니지만, 수성펜이나 만년필으로 쓴 글씨와 두께가 가는 볼펜으로 쓴 글씨는 내가 봐도 남의 글씨처럼 확연히 차이가 난다. 그래서 그런지 필기구를 고를 때는 꼭 시필해보고, 손에 착 달라붙는 그립감이 좋고 필기감이 부드러운 펜을 선택한다.

만약 당신 앞에 손에 최적화된 펜 한 자루와 메모지가 놓여 있다면 무엇을 하고 싶은가? 그림을 그릴 것인가? 글을 쓸 것인가? 아니면 본인의 이름이라도 쓰면서 낙서를 할 것인가? 손에 펜이 쥐어져 있고, 쓸 수 있는 여백의 종이가 앞에 펼쳐져 있다면 의식 중이던 무의식중이던 간에 그 여백을 채워 나가기 시작할 것이다. 현대인들은 무언가 쓸 수 있는 시간을 갖는 것이 불가능해 보인다. 하루 중 펜과 종이를 들고 또박또박 무언가를 쓰는 시간을 갖고 있는지 생각해보자. 직장에서는 워드가 이를 대신한다. 밖에서는 어떠한가? 축하 카드나 편지를 보내는 일은 이메일로 해결한다. 스마트폰 하나만 있으면 종이와 펜이 필요 없는 시대가 되었으니 말할 것도 없을 것이다. 간단한 전화번호부터 메모, 심지어 가계부까지도 스마트폰으로 가능해졌으니, 굳이 펜과 종이를 들고 다니며 적는 것은 이제 경험하기 힘든 일이 되었다. 그래서 나는 일부러라도 다이어리를 정리하며 하루일과를 적거나 줄쳐진 빈 노트에 점이라도 찍어본다. 한 장의 종이에 의미 없는 글자라도 쓱쓱 거려봐야 직성이 풀리는 것이다. 울고 나면 속이 시원하고 내면의 뭔가가 정화되고 새로운 힘이 솟는 듯한 느낌을 가져본 적이 있을 것이다. 나에게는 쓰는 행위가 그렇다. 노트에 하루계획To Do List을 적어보면 적지 않은 날보다 계획대로 일을 해내는 경우가 많다. 앞으로 해야 할 일을 적어보거나 일기를 쓰면 나를 되돌아보는 기회를 자연스럽게 갖게 되어 마음이 편안해지고 삶의 의욕을 느낀다. 물론 펜이나 종이가 아닌 디지털화된 플래너에 기록할 수도 있다. 그러나 필요에 의해 무언가를 기록해야 하는 것이 아니라 일상에서 손으로 쓰는 것에 대한 생각을 말하고 싶은 것이다. 손에 펜이 쥐어져 있으면 무언가를 적고 싶어진다. 아무것도 쓸 생각이 없던 사람도 자신의 이름이라도 적어나간다. 그리고 곧이어 우울, 행복, 돈, 결혼 등 현재의 기분이나 걱정, 고민거리 등을 쓰게 되고, 나중에는 앞으로의 계획이나 목표 꿈에 대한 것까지 끄적거리게 된다. 그러다 보면 섬광처럼 스쳐 떠오르는 아이디어나 자신만의 생각들을 글로 표현하게 된다.

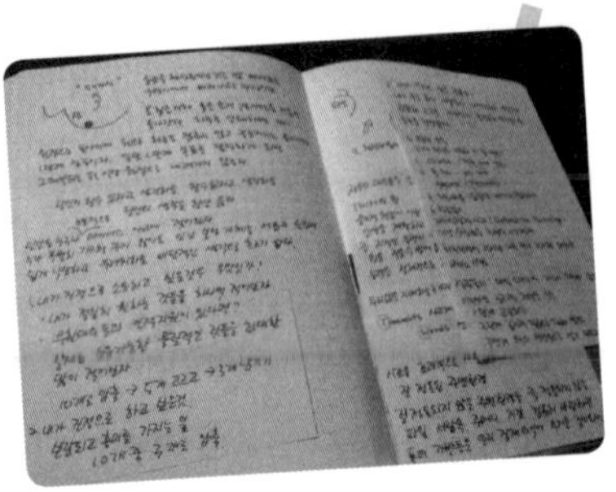

칸트는 '손은 바깥으로 드러난 또 하나의 두뇌'라고 했다. 손은 뇌의 명령을 받는 운동기관일 뿐만 아니라 뇌에 가장 많은 정보를 전하는 감각기관이다. 인류의 진화 역사에서 손과 뇌는 서로 보완적인 역할을 해왔고, 인간의 두뇌가 진화하는 과정에서 가장 핵심적인 역할을 맡았다. 21세기는 기계가 인간의 일을 알아서 처리하는 스마트의 시대다. 말 그대로 굳이 '손 하나 까딱'하지 않아도 모든 것이 해결되는 시대에 살고 있다. 그러나 손을 사용하지 않는 세상, 까딱 잘못하다가는 인간의 진화는 멈출 것이다.

기네스북에 오른 기억력 천재 에란 카츠는 "스마트폰이 똑똑해질수록 사람은 더 멍청해진다."라고 했다. 일본 뇌과학계의 좌장인 구보타 기소우 박사는 그의 저서 《손과 뇌》에서 컴퓨터 자판을 치기보다는 연필로 글을 쓰는 등 끊임없이 손을 사용해야 창조적 두뇌를 얻을 수 있다고 조언한다.

"손은 뇌가 내리는 명령을 수행하는 운동기관일 뿐만 아니라 뇌에 가장 많은 정보를 제공하는 감각기관이다. 손을 움직이거나 손으로 바깥의 변화를 받아들일 때 뇌는 활성화된다. 손은 머릿속에서 만들어진 명령을 구현하는 도구지만, 반대로 손을 사용함으로써 새로운 생각이 만들어지기도 한다. 손을 사용하면 전두엽에 자극이 가해지고, 그 과정에서 인간 두뇌의 중추인 전두엽은 자극을 해석하는 것을 넘어서 창의적 활동을 하기 때문이다. 즉 손을 사용한다는 것은 최고 차원의 정신 기능에 자극을 준다는 것과 같은 말이다."

손은 뇌와 긴밀하게 교감하는 연결고리이며, 정교한 손놀림은 스트레스를 낮춰 정서를 안정시킨다. 손을 움직이면 뇌에서는 상황 판단과 감정 조절에 관여하는 전전두엽 구조물이 활성화되면서 스트레스에 반응하는 물질의 분비가 감소해 기분이 안정된다고 한다. 우울하거나 기분이 침체되어 있을 때 종이에 뭔가를 끄적거리면 기분이 좀 나아지는 이유도 이 때문이다.

《독서로 세상을 다 가져라》의 김시현 저자 또한 그의 블로그에 우울증을 겪거나 불안에 시달릴 때 마음을 안정시키기 가장 좋은 방법으로 필사筆寫하기를 추천했다.

"힘들고 지칠 때 책에서 위로와 용기를 얻고자 해도 책만 펼쳐보면 집중이 안 될 때도 많이 있습니다. 그럴 때는 독서 말고 필사를 하세요. 필사는 눈과 손을 같이 움직이기 때문에 독서보다 집중효과가 훨씬 큽니다. 책의 내용도 마음속에 더 잘 들어오고요. 필사를 할 때 입으로 소리 내어 읽으면서 하는 분들도 있습니다. 그러면 더 효과가 좋습니다. 눈, 입, 손이 동시에 책을 읽고 있으니까요. 불안과 걱정, 근심에 휩싸였을 때는 필사를 하세요. 마음을 다잡고 책에서 에너지를 얻기가 훨씬 쉬워질 겁니다."

독서 못지않게 독서 후 생각하기가 중요한데, 필사를 하게 되면 사색은 덤으로 따라온다. 또한 필사는 눈으로 읽고 손으로 쓰며 서로 다른 부분의 뇌를 사용하기 때문에 뇌를 자극하여 사고의 확장을 일으킬 수 있다. 손을 쓰는 것만으로도 창조적 두뇌를 얻을 수 있는데, 고전 철학서 같은 이해하기 어려운 책들을 필사해본다면 깨달음을 얻고, 생각을 확장시키며, 글쓰기 능력까지 갖출 수 있으므로 효과를 극대화할 수 있는 방법이 될 것이다. 필사로 생각의 혁명, 두뇌의 혁명을 경험했다고 하는 사람들의 말이 과언은 아니다.

《탁월함에 이르는 노트의 비밀》의 저자인 이재영 교수는 "노트 한 권만 잘 쓰면 탁월해지고 천재도 될 수 있다."고 말한다. 이 교수는 "글을 쓰는 것은 선을 긋는 일차원 미만의 일이지만 인류가 발전하는 소리는 '사각사각' 글 쓰는 소리다. 노트는 어떤 곳에서도 내가 하던 일을 계속할 수 있는 장점을 갖고 현대인들의 바쁜 삶을 지속하는 위대함을 갖고 있다."고 강조하며 "수첩 하나라도 애지중지하며 자신의 생각을 기록하고 자꾸 들춰보는 습관을 가지면 생각이 영글고 뇌가 활발해져 집중력을 높이는 것은 물론 자기계발에 도움이 될 것이다."라고 조언했다.

종이 위에 직접 손으로 무언가를 쓰는 순간, 우리는 몰입에 이르는 과정을 거치게 된다. 또한 머릿속의 생각을 종이 위에 기록하는 순간, 우리는 그 생각에 대해 냉정해진다. 쓴다는 것은 머릿속을 찾아왔다가 이내 사라지고마는, 섬광같이 번뜩이는 생각을 잡아두는 역할을 한다. 무언가를 끄적거리자. 기억의 메신저인 노트를 펴자. 그리고 적자! 생존을 위해. 그것이 곧 위대함의 시작일지도 모른다.

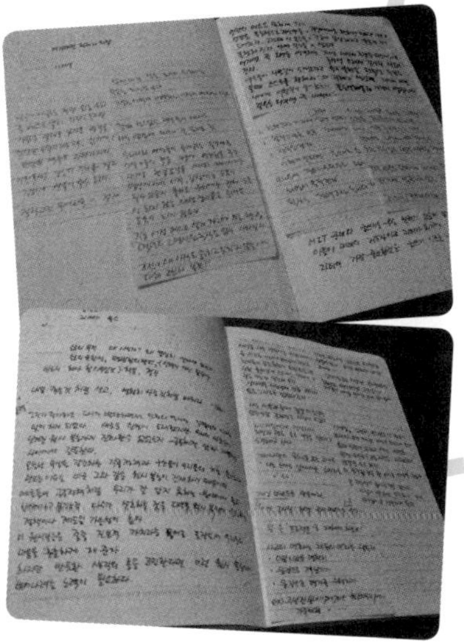

성공한 사람의 제1습관은 독서였다

처음에는 습관의 쇠사슬이 너무나 가볍기 때문에 느끼지 못하고,
나중에는 너무 무거워 끊지 못한다.
– 워런 버핏

독서는 좋은 습관이다. 평생을 두고 우리가 가져야 할 습관 중 하나다. 꾸준히 책을 읽으면 생각하는 힘이 길러지고 세상을 보는 시야가 넓어진다. 스트레스를 줄일 수 있으며, 나아가 인생을 성공으로 이끈다. 사람들을 만나다 보면 그 사람의 지위나 재력으로만 표현할 수 없는 '멋진' 사람이 있다. 시대를 아우르는 통찰력이 있고, 깊이 있는 지식, 편견 없는 잣대, 위트와 유머러스함까지 겸비한 진정 세상을 즐길 줄 아는 여유를 가진, 그런 사람을 만나면 부럽고 존경심이 생기며, 나 또한 그렇게 살고 싶다는 생각을 하게 된다. 인생에서 돈이나 성공만이 최선은 아니다. 자신의 삶을 풍요롭게 하고 삶의 질을 향상시킬 수 있는 삶의 오아시스를 찾아야 한다. 이러한 것을 생각했을 때 독서야말로 가장 좋은 자기계발 수단이다.

성공하는 사람은 독서를 한다. 독서가 수입에 직결되는 '독서 = 자기

투자'라는 사고방식이 철저하게 깔려 있기 때문이다. 비즈니스 경쟁에서 살아남으려면 항상 새로운 아이디어나 정보를 도입할 필요가 있다. 시시각각 변화하는 글로벌 세계의 움직임과 조화를 이루지 못하면 도태되기 때문이다.

책을 많이 읽는 사람이 성공할 수밖에 없는 이유, 성공할 확률이 높은 이유는 변화의 기회를 잡기 때문이다. 책을 읽고 생각에 빠진 사람들의 모습에서는 무언가를 갈망하고 변하고자 하는 욕심이 밖으로 드러난다. 공공연하게 말하고 다니지 않을 뿐이다. 너무 당연한 일이라 굳이 이야기할 필요조차 느끼지 못하는 것일지도 모른다. 독서는 쳇바퀴를 도는 생각의 궤도를 이탈하여 다음을 생각하게 한다. 몇 권의 책들은 인생에 대해 생각할 수 있도록 도와주며 한 번뿐인 인생에 가치 있는 일이 무엇인지 알 수 있도록 이정표가 되어주기도 한다. 책은 결국 스스로에게 질문하게 하며, 그 답을 찾기 위해 생각하고 또 생각하게 한다. 우리는 인생을 살면서 가끔씩 쉽지 않은 문제와 만나게 되는데, 그 문제가 심각하고 복잡하면 할수록 외면하는 사람들이 많다. 하지만 문제를 넘어선 사람들에게는 놀라운 지혜와 능력이 생긴다.

성공한 사람들에게는 공통점이 있다. 성공한 사람들은 모두 대단한 독서가이다. 독일의 물리학자이자 1090년 노벨 화학상 수상자인 오스트발트는 일찍이 "위인이나 성공한 사람의 공통점은 무엇인가?"를 조사하여 두 가지 공통점을 발견했다. 첫 번째는 긍정적으로 생각하는 것이고, 두 번째는 독서였다. 독서가 위인이나 성공한 사람들의 공통조건이라는 사실을 밝혀낸 것이다.

"독서습관은 100억 원보다 더 가치 있는 유산이다."라고 말한 마이크로소프트의 빌 게이츠 회장은 "오늘의 나를 만든 것은 동네 도서관이었다."라고 말했을 정도로 지독한 책벌레였으며, 세계에서 두 번째로 부자인 워런 버핏은 하루 3분의 1을 자료와 책을 읽는 데 보낸다. 토크쇼의 여왕 오프라 윈프리 역시 소문난 독서광으로 한때 미국에 독서 열풍을 일으킨 주역이다. 정식 직업은 외과의사지만 취미로 시작한 주식투자가 부업이 된 시골의사 박경철 원장은 초등학교 때 친구 집에 놀러 갔다가 자기 집과 비교할 수 없을 정도로 책이 많은 것에 충격을 받고 그날 이후부터 책에 빠져들어 중학교 3년간 도서관에 있는 책을 모두 읽었다고 한다. "왜 그렇게 책에 집착하는가?"라는 물음에 박경철 원장은 말한다.

> "책은 그럴 만한 대상이라고 대답하고 싶습니다. 우리가 어떤 사람이 갖고 있는 지식을 얻기 위해서는 그 사람만큼 삶을 살아야 하지만, 인간은 놀랍게도 한 권의 책에 자신이 가진 모든 지식을 담아낼 수 있습니다. 독자는 책을 읽으면서 일가一家를 이룬 한 인간의 지식들을 몇 시간 안에 훔쳐볼 수 있는 것이죠. 세상에 이만큼 훌륭한 도둑질이 또 있을까 싶습니다."

우리나라 CEO중 독서경영의 선구자로 평가받는 회사 동양기전의 조병호 회장은 동양기전을 '독서경영'이라는 독특한 철학으로 이끌고 있다. 기업들이 혁신기법이나 제도를 도입한 후 제대로 실천하지 않아 안 하느니만 못한 혁신이 되는 경우가 종종 있는데, 독서경영은 하다가 중단을 하더라도 남는 것이 많은 유용한 혁신기법이다. 그래서 '독서경영은 남는 장사'라고 한다. 사원을 채용하는 데도 독서는 예외 없는 심사조항으로 작용하며, 직원들한테는 1년에 적어도 4권의 책을 읽도록 하고 있다. 조 회장은 지하철을 탔는데 책을 안 들고 있으면 잡지라도 사서 읽으며, 선물은 반드시 책으로 하고, 특별한 일이 아니면 저녁 약속을 잡지 않고 집에서 독서를 하는 등 스스로 '중독단계'라고 이야기한다. 독서에 관한 그의 철학과 절대적인 신념이 있었기에 독서경영을 뿌리내릴 수 있었을 것이다. 인문학이나 문학과는 거리가 있는 기계공학도였지만, 훌륭한 경영자가 되기 위해서는 독서가 일상이 되어야 했다. 여기서 '독서광'으로 성공한 CEO들의 공통점을 발견할 수 있다. 그들은 '일류 경영자가 되었기 때문에 책을 읽는 것'이 아니라 무명시절부터 책을 읽어 왔기 때문에 성공을 이룰 수 있었던 것이다.

책을 읽지 않는 사람들은 하나같이 '시간이 없다'거나 '바빠서 책을 못 읽는다'고 입을 모은다. 아이러니하게도 책은 읽으면 읽을수록 시간이 생겨난다. 책을 읽지 않는 사람은 타인의 경험이나 지혜로부터 배우지 못하기 때문이다. 무엇이든 혼자 힘으로 시작해야 하기 때문에 시간이 오래 걸린다. 먼저 배운 사람들(저자)이 지름길을 알려주고 있는데도 책을 펼치는 시간이 아까워 먼 길을 돌아가는 것이야말로 돈도 잃고 시간도 잃는 어리석은 방법이 아닐 수 없다.

책 읽는 습관을 만드는 것에 집중하자. 그런 뒤에는 애써 노력하지 않아도 책 읽는 삶을 살게 될 것이며, 인생도 바뀌게 될 것이다.

절대로 실패하지 않는 최고의 전략으로 '작은 습관'을 내세운 이가 있다. 《습관의 재발견》의 스티븐 기즈는 '자기계발'이라는 목표 아래 여러 가지 다양한 실험에 몰두하였으나 계속된 실패로 회의와 좌절감으로 우울한 시간을 보내던 중, 팔굽혀펴기 한 번이라는 작은 노선을 통해 새로운 변화 전략을 발견하게 되었다. 이 전략은 하루 한 번 팔굽혀펴기나 하루 두 쪽씩 책읽기 등 아주 사소한 행위를 억지로라도 매일 하려고 노력하는 것을 기본으로 하며, 의지력이야말로 습관을 완성하는 가장 확실한 방법이다.

우리는 어떤 행동을 하고자 할 때 스스로에게 동기를 부여함으로써 하고 싶은 마음이 들게 하든지, 아니면 의지력을 이용해 억지로 하든지 한다. 보통 사람들은 어떠한 일을 억지로 하는 것에 대해서는 짙은 반감을 갖지만, 스스로 하고 싶은 마음이 들어서 하는 행동은 바람직한 것으로 여긴다. 그러나 오래 지속시키고자 하는 변화를 꾀할 때 동기는 믿을 만한 전략이 되지 못한다. 저자는 '동기만능주의'가 만들어낸 수많은 문제들을 지적하며, "동기와 의욕이 당신의 전략이라면 결코 습관을 만들 수 없다."고 조언했다. 또한 감정과 느낌을 바탕으로 하는 동기는 믿을 수 없으며 '무슨 일이 있어도 뭔가를 해내고야 만다'라는 의지력이야말로 일관성을 얻을 수 있고, 습관 형성이나 일정 관리 측면 모두에서 유리한 위치에 서게 만드는 것이라고 강조했다.

인간은 감정의 동물이며, 우리의 감정과 행동은 일치하지 않는다. 언제 어떻게 변화할지 모르는 감정에 기반을 둔 동기와 의욕만으로는 독서습관을 얻기 힘들다. 어느 날은 독서에 대한 끓어오르는 열정과 의욕이 있다가 피곤하고 기분이 나쁜 날은 책을 읽고 싶은 마음이 싹 가신다. 그러나 만약 '하루 두 쪽 책읽기'라면 너무 쉬워 아무런 거부감 없이 도전해볼 수 있을 것이다. 두 쪽을 읽고 재미가 있으면 더 읽으면 된다. 그 다음날도 두 쪽, 이런 식으로 의지력에 기대어 작은 습관 하나를 만들 수 있다. 습관을 만들기 어려운 이유 중 하나는 습관을 만드는 데 스트레스를 받아 기존의 나쁜 습관이 더욱 강화되기 때문이다. 결국 습관 만들기 전략은 무너져 내릴 수밖에 없다. 하지만 '작은 습관'은 실망시키지 않는다. 작은 습관만의 작지만 위대한 차이를 경험해보자. 포기하지 않고 스스로를 믿는 사람이 될 것이다. 미완의 독서가 일상인 당신에게 이렇게 말하고 싶다. "따라 해봐! 밑져야 본전 아니겠어?"라고.

책읽기로 몰입을 경험하라

당신이 하는 일에 온 정신을 집중하라.
햇빛은 한 초점에 모일 때만 불꽃을 내는 법이다.
- 알렉산더 그레이엄 벨

삶에서 우선순위를 차지하고 있는 생존과 행복의 문제가 해결된다고 해서 삶의 본질적인 문제가 해결되는 것일까? 우리는 그제야 비로소 평소 잊고 지내던 '삶의 유한함'이 큰 비중으로 다가오며 삶에서 진정 중요한 것들을 보기 시작한다.

"결국 삶의 궁극적 추구는 자아실현의 문제로 귀결된다. 그러나 생존과 행복의 문제를 해결한 후 자아실현을 추구하기에는 인생이 너무 짧고, 경우에 따라서는 아예 기회조차 주어지지 않을 수도 있다. 이 문제를 해결해주는 것이 바로 몰입이다. 몰입은 생존을 위한 삶, 행복을 추구하는 삶, 자아실현의 삶을 동시에 추구할 수 있는 방법이 되기 때문이다. 이 세 가지를 동시에 추구하기 위해서는 일과 공부라는 행위가 생존과 미래의 행복을 위한 수단이자 삶의 목적이 되어야 한다."

– 황농문의 《공부하는 힘》 중에서

한 살 한 살 나이 듦에 시간은 나이 수만큼 속도를 내며 달리는 듯하다. 객지에서 혼자 살며 내 한 몸 챙기기도 바빴던 날들이 언제 있었나 싶게 가족이 늘었고, 내 몫으로 챙겨야 할 사람들이 생겼다. 수년째 이어오던 정신없는 직장생활이 출산과 육아휴직으로 공백기를 갖게 되었으며, 나는 쉬는 동안 다시 책이라는 연못에 빠질 수 있었다. 아이를 키워보면 알겠지만, 아이가 어리면 어릴수록 엄마는 아이와의 소통이 어렵다. 말을 못하기에 아이가 표현하는 방식을 이해하고 느낌으로 알아내야 하는데, 초보 엄마는 이것이 쉽지 않다. 하루 종일 대화도 안 되는 아이랑 있으면 말하는 방법도 잊어버리고, 단어도 생각나지 않으며, 무슨 말을 하려 해도 말이 입안에서만 맴돌아 '내가 바보가 된 건가?' 하는 착각이 든다. 밤낮으로 울어대고 새벽잠 설치는 아이 때문에 초보 엄마로서의 삶은 녹록치 않았지만, 덕분에 무언가 읽을 수 있는 시간을 벌어 다행이라는 생각이 들었다. 아기를 재우려고 아기띠로 들쳐 업고 손에는 책을 들고 왔다갔다 서성거리며 책을 읽었다. 낮 동안의 화장실 3분 몰입독서는 세상에서 가장 귀한 나만의 시간이었다. 하루 종일 엄마만 찾아대는 아이와 여기저기 소음이 가득한 공간에서 벗어날 수 있는 화장실은 단지 일차적 욕구해결 장소이기 이전에 그 누군가로부터도 방해받지 않고 한숨 돌릴 수 있는 나만의 아지트였다. 집 밖으로 나간 것은 아니니 일단 서로에게 안심이 되고, 타인이 강요할 수 없는 능동적인 출입이 가능한 곳이다. 내가 내 발로 나가기까지는 아무도 나를 찾지 않는다. 나는 전철에서 독서하는 것만큼이나 화장실에서 몰입이 잘 된다. 평소에는 아무리 떠올리려고 해도 떠오르지 않았던 것들이 섬광처럼 스쳐지나가거나 잊고 있었던 것들이 퍼뜩 생각나기도 한다. 화장실은 긴 시간을 지체할 수 없는 곳이지만, 그래도 대략 5분 이상의 자투리시간을 확보할 수 있다. 이때 더 집중할 수 있었던 이유는 '볼일을 마치면 나가야 하는 곳'이라는 시간적 제약이 있는 장소였기 때문이다.

조앤 롤링도 아기를 키우면서 그 유명한 소설 《해리포터》를 집필했다. 가난한 싱글맘이었던 조앤 롤링은 유모차에 아기를 태우고 돌아다니다가 아기가 잠이 들면 근처 카페에 들어가 글을 썼다고 한다. 그녀는 한 시간 동안 그렇게 많은 양의 글을 써본 적이 없다고 했다. 엄청난 집중력을 발휘해 몰입할 수 있게 해준 것은 '아기가 깨어나기 전까지'라는 제한된 작업시간, 즉 '엄마의 시간' 때문이었다고 한다.

나와 조앤 롤링은 책을 읽든, 책을 쓰든 모두 책이라는 것으로 몰입을 경험했다. 미하이 칙센트미하이 교수는 전 세계에서 가장 빈번하게 나타나는 것으로 보고된 몰입 경험은 좋은 책을 읽는 행위라고 했으며, "독서 삼매경을 경험할 때 사람들은 등장인물과 파란만장한 사건에 완전히 빠져들게 된다."고 했다. 책은 언제 어디서든 가장 쉽고 빠르게 몰입을 경험할 수 있는 대상이다. 독서의 행위는 읽고 있는 책에 집중하는 것이기 때문에 독서를 통한 몰입이 쉽고 경험이 흔한 이유라고 한다. 책읽기는 손쉽게 언제 어디서나 할 수 있는 몰입 증진 활동이라고 할 수 있다. 몰입의 순간은 평소 경험해보지 못한 기분 좋고 자신에게 좋은 일을 한 것 같은 뿌듯함을 느끼게 한다. 시간의 질이 깊어지는 느낌이다. 독서를 통해 몰입의 경험을 쌓으면 집중력을 키우는 데도 도움이 된다. 책을 읽으면서 키워진 집중력은 책뿐만 아니라 다른 생활 속에서도 이롭게 쓸 수 있다. 일상 속에는 독서 말고도 몰입을 경험할 수 있는 것들이 많다. 그러나 독서의 몰입은 다른 어떤 몰입보다 가치가 있다.

> "게임에 빠져드는 것은 '몰입'이 아니라 '탐닉'입니다. 어떤 것이 몹시 즐거워서 온통 마음이 쏠리는 것은 독서와 게임이 모두 같습니다. 하지만 그 결과는 다릅니다. 독서에 몰입하고 나면 '어제와 다른 나', '보다 성장한 나'를 만들 수 있습니다. 그래서 몰입의 즐거움이 독서가 끝난 뒤에도 이어지면서 행복을 가져다줍니다. 반면 게임은 어떤가요? 캐릭터는 레벨이 올랐을지 모르지만 현실의 나에게는 아무런 변화도 생기지 않습니다. 게임 실력은 늘었을지 모르지만 현실의 나에게는 아무런 도움이 되지 못한다는 말입니다. 똑같이 몰입을 했습니다만, 독서에 들인 시간은 내 가슴에 뿌듯함을 남기고, 게임에 들인 시간은 아무것도 남기지 못한 채 한 줌 재처럼 사라집니다."
>
> – 김은섭의 《책 앞에서 머뭇거리는 당신에게》 중에서

이러한 차이는 뇌 과학적으로도 증명된 바 있다. 독서할 때는 전두엽과 후두엽이 쉬지 않고 전기 신호를 주고받으며 전반적으로 활발하게 움직이지만, 게임하는 뇌는 극히 일부만 활성화된다. 그 차이는 바로 상상imagine 때문이다. 뇌는 글자를 읽는 동안 문자로 전달된 메시지를 영상으로 전환한다. 책은 개입의 여지를 준다. TV나 게임 등의 매체는 모니터의 영상을 쫓느라 상상할 틈을 주지 않는다. 어마무시하게 들어오는 영상 정보를 처리하기에도 뇌는 바쁘다. 우리가 현재의 무엇에 몰두할 때 '우리가 받을 수 있는 최고의 선물'을 얻는다고 한다. 《1만 페이지 독서력》을 보면 독서를 하는 도중 몰입의 상황을 더 잘 즐기기 위해 다음의 조건을 제시한다.

1. 몰입할 수 없게 만드는 책은 그냥 놔둔다. 읽지 않는다. 더 이상 나아가지 않는다. 자신과 맞지 않는 책은 읽지 않는 게 좋다. 억지로 읽으면 책에 대한 재미만 떨어뜨린다. 재미있는 책, 자신과 코드가 맞는 책만 따라간다. 점점 빠져들고 계속 읽고 다른 책으로 확장해 가면서 몰입의 순간들을 즐긴다.
2. 단지 읽는 데 그치지 말고 책의 내용에 적극적으로 참여한다. '남의 이야기라고 생각하는 것보다 내가 주인공이다'라고 생각하고 다가서는 것이 집중력을 높여준다. 비판적인 사고를 바탕으로 책을 읽고 궁금한 내용, 새로 알게 된 내용을 밑줄 치며 메모하는 등 적극

적으로 독서한다.

3. 집중할 수 없으면 기분 전환을 한다. 밖으로 나가 다른 활동을 하거나 새로운 것을 접하고 나서 다시 책을 보면 집중력이 향상된다.
4. 사람마다 집중력이 최고점이 되는 시간과 공간이 있다. 그런 시간과 장소를 찾아 책을 읽는다. 많은 사람들이 말하는 공통적인 시간은 출퇴근길, 그리고 버스나 지하철과 같은 공간이다.

가끔 몰입하는 것을 어려워하는 사람들이 있다. 혼자 하는 몰입 독서가 어렵다면 집중력이 뛰어난 사람 옆에 앉아서 책을 읽는 것도 좋은 방법이다. 벨기에 브뤼셀대 심리교육학과에서 연구한 결과에 의하면, 정신적 노력은 전염되는 성질이 있어서 옆 사람이 열중하면 자신도 집중력을 발휘할 수 있다고 한다. 심리학자들은 1960년대부터 다른 사람이 수행능력에 미칠 수 있는 영향에 관심을 두었다. 이와 관련된 대표적인 이론이 바로 '사회적 촉진이론'이다. 이 이론은 개인은 혼자 있을 때보다 다른 사람과 함께 있을 때 특정 행동이 향상된다는 내용을 담고 있다. 연구 팀은 왜 이런 연구결과가 나타났는지 정확한 인과관계를 파악하지는 못하였지만, 집중하는 사람의 자세와 연관이 있을 것으로 추측했다. 집중하게 되면 몸이 바짝 긴장하게 되는데, 이러한 긴장감이 옆 사람에게 전달되어 수행미션에 좀 더 집중하게 만들었다는 설명이다.

책은 분명 평범한 일상을 특별한 하루로 바꾸는 마술 같은 힘을 가졌다. 남들 눈에는 사소한 일상이라도 개인에게는 소중하다. 소중한 일에 몰입하다 보면 얼마든지 행복을 누릴 수 있다. 행복은 남이 가져다주는 것이 아니라 자신이 만들어가는 것이다. 몰입은 평범한 사람이 위대한 일을 해내는 원동력이다. 몰입하라, 그 순간 당신은 세상에서 가장 아름다운 프로다.

최고의 유희는 책을 읽는 것이다

한 인간의 존재를 결정짓는 것은 그가 읽은 책과 그가 쓴 글이다.
- 표도르 도스토옙스키

"대한민국은 중독사회다. 사람들을 쉽게 중독시키는 술, 게임, 사행산업만 38조 원(2013년) 규모다. 알코올, 마약, 도박, 인터넷 등 4대 중독을 제외하고 스마트폰 중독, 쇼핑 중독, 소셜네트워크서비스SNS 중독 등 시대와 생활환경이 변화하면서 중독의 종류도 다양하게 나타나고 있다. 2013년 기준 국민의 약 6.8%인 338만 명이 중독 증상을 앓고 있는 것으로 나타났다. 중독 증상은 개인의 문제를 넘어 범죄를 야기할 수 있고, 근로자의 생산성 저하 및 아동·청소년 발달 저해 등을 초래하는 만큼 행동 중독에 대한 인식 개선과 예방·치료의 중요성도 높아지고 있다."

얼마 전 신문기사에서 읽은 내용이다. 술, 게임 등이 아니라 책 중독이면 좋으련만, 한국사회가 어쩌다 이런 지경에까지 이르게 되었는지

참으로 안타까운 일이다.

'카페인 우울증'을 아는가? 카카오스토리, 페이스북, 인스타그램의 앞글자를 따서 만든 신조어다. 처음 이 말을 들었을 때 '커피나 카페인 음료가 우울증을 유발하기도 하나 보구나'라고 생각했는데, SNS로 인한 우울증이라고 한다. 적당히 섭취하면 크게 문제되지 않지만, 중독되면 부작용이 뒤따른다는 단점은 실제 카페인과 다를 바 없는 것 같다. 요즘 젊은이들이라면 셋 중 한 가지 이상은 활용하고 있을 터, 나는 카카오스토리는 이용하는 편이지만 트위터나 페이스북 등 다른 SNS는 복잡하다는 생각에 이용하지 않는다. 계정을 만들어 가입하고 유지하는 일련의 과정이 복잡한 것이 아니라 사람들과 복잡하게 얽히는 것이 부담스럽고, 누군가와 나의 사생활을 공유해야 한다는 것이 내키지 않는 이유다.

SNS에 처음 발을 담글 때만 해도 '나를 향한 관심'에서 시작했을 것이다. 누군가가 나에게 말을 걸어오고, 내가 올린 글에 반응해주며, 나의 일상에 관심을 가져주길 바랐을 것이다. 하지만 실상은 그렇지 못했고, 관심을 목적으로 SNS를 계속하다 보니 부러움과 외로움만 남게 된 것이다. 국내외 구분 없이 글로벌하게 사람들과 만날 수 있다는 것은 SNS의 최대 장점이다. 우리는 습관처럼 SNS에 접속하여, 가상공간에서 나와 연결된 많은 사람들과 일상을 공유하고 소통하며 관계를 맺는다. 매일 업데이트된 타인의 일상이 간혹 자신을 돌아볼 수 있는 계기가 되고 타인과의 공유와 소통이 삶을 더욱 풍요롭게 할 수 있는 자극제가 된다면 더 없이 좋은 도구일 것이다. 하지만 사람들은 타인과 자신을 비교하고 다른 사람의 일상을 부러워하며 상대적 박탈감까지 느끼곤 한다.

'이웃 효과'라는 말이 있다. 끊임없이 남과 비교하는 데서 삶의 보람과 의미를 찾는 경향을 가리키는 말이다. 프랑스의 사상가 미셸 몽테뉴는 "우리는 우리보다 뒤처져 있는 사람들을 보고 행복해하기보다는 우리보다 앞서 있는 사람들을 보고 불행해한다."고 했다.

인간의 마음 작동방식은 끊임없이 남과 비교하도록 되어 있다. 히말라야의 작은 나라인 부탄은 낮은 국민소득 수준에도 불구하고 행복지수 1위인 국가로 유명했다. 하지만 2009년 이들의 행복지수는 17위로 떨어졌다. 국민소득이 늘면서 집집마다 TV가 보급되었고, 바깥세상 소식을 접한 사람들이 그곳을 동경하면서 현재 저지에 대한 불만이 늘었던 탓이다. 우리는 너무도 자연스럽게 남들과 비교를 한다. 나를 남과 비교할 때 대부분 실패하는 이유는 나의 단점과 남의 장점을 비교하기 때문이다. 자신의 모습을 있는 그대로 받아들이자. 자신의 모습을 바로 보고 받아들일 때 비로소 더 나은 자신의 모습을 향해 나아갈 수 있는 에너지가 생성될 수 있다.

SNS 속 세상은 나 빼고 다들 행복해 보인다. 그러나 SNS에는 누구나 '행복한 순간'만을 기록해 올린다는 사실을 기억하기 바란다. 동경하는 것은 자유지만, 부러워할 시간에 즐거운 일을 찾는 것이 현명한 방법이다.

자기 발견을 위한 자기계발과 각종 취미생활 등을 통해 외부환경에서 나를 찾는 것도 중요하지만, 진정한 나를 만나려면 고독과 마주해야 한다. 대화가 아닌 침묵, 독서가 아닌 독서 후의 사색이 자아의 발견과 성찰을 위한 보다 근본적인 방법이다.

파스칼은 "인간이 불행해지는 이유는 방 안에 홀로 가만히 있을 줄 모르기 때문"이라고 했다. 독서를 통해 얻고자 하는 것은 결국 자기 자신의 변화와 삶의 발전이다. '지피지기면 백전백승'이라고 내가 딛고 있는 현실과 나에 대한 이해 없이는 삶의 도약은 이루어지지 않는다.

점점 자기다워져서 자신의 간절한 소망을 이루는 것, 이것이 스스로를 알아야 함이 중요한 이유다. 독서를 통해 나를 발견하고, 발견한 자신을 확장시킴으로써 자아를 실현할 수 있다. 《조선 지식인의 독서노트》에서는 자신의 존재 이유를 발견하는 것이 삶에서 가장 소중한 것임을 말해주고 있다.

> "나를 돌아보는 것이 배움의 첫 단추, 나를 말하는 것이 소통의 첫 단추, 나를 밝히는 것이 소망의 첫 단추, 나를 아는 것이 논리의 첫 단추, 나를 읽는 것이 독서의 첫 단추다."

자기만의 철학을 갖는다는 것은 자신만의 세계관을 갖는다는 말이다.

세계를 어떻게 보고, 어떻게 생각하는가 하는 문제다. 세상을 보는 자신만의 눈, 즉 사고의 틀이 세계관이다.

세계관은 생각에만 영향을 미치는 것이 아니라 구체적인 행동양식까지도 결정한다. 철학이 중요한 이유는 이 같은 실천적 특성을 갖는 세계관 때문이며, 결론적으로는 철학이 세상을 바꿀 수 있다는 것을 의미한다. 사람들은 누구나 자신만의 상식적인 세계관을 가지고 있으며, 이러한 상식의 세계관은 얕다. 또한 누구나 가지고 있는 피상적인 세계관만으로는 지혜롭고 수준 높은 삶을 살기 어렵다. 세계관을 보다 넓고 체계적으로 만들기 위한 것이 바로 인문학 책을 읽는 목적이다. 인문학이 유행처럼 화두가 된 시절이 있었다. 기업뿐만 아니라 사회 곳곳에서 인문학 열풍이 불었고, 지금까지도 그 열기가 식지 않고 있다. 인문학은 자기경영의 필수과목이다. 인간의 사상 및 문화를 탐구하는 학문영역으로서 인간의 가치탐구와 표현활동을 대상으로 한다.

'왜 사는가', '인간은 어떤 존재인가?', '행복한 삶이란 무엇인가?', '어떻게 내 삶을 살아야 할 것인가?'라는 질문과 마주하며, 이에 대한 답을 찾기 위해 인문 고전을 읽어야 한다. 맹자는 "사람들은 닭이나 개가 없어지면 열심히 찾지만 자기 마음은 내놓고서도 찾을 줄을 모른다."고 했다. 그는 당시 사람들이 흔들리며 사는 것을 안타까워하며, 자기의 잃어버린 마음을 찾으라고 가르쳤다. 우리는 돈을 벌고 부자가 되기 위해서는 열심히 노력하면서도 정말 중요한 것을 잃고서는 깨닫지 못하며 살고 있다. 돈이나 부유함보다 더 소중한 것은 바로 내 마음이며, 내가 지켜야 할 삶의 의미다.

혼자 있어도 고독하지 않고, 얼마든지 삶의 유희를 찾을 수 있는 요즘 같은 시대에는 책을 읽으라는 권유가 달갑지 않을 것이다. 남을 의식하고, 남에게 보이는 모습에 신경 쓰느라 정작 중요한 나를 잃어버리고, 점점 나의 진실과 멀어져간다. 정말 자신이 무엇을 원하는지, 어떻게 살고 싶은지 알고 싶다면 고독과 침묵 속에 스스로를 놓아야 한다. 어느 누구, 그 무엇으로부터도 방해받지 않고 철저하게 자신에게 몰입하는 시간을 갖는 것은 성장할 수 있는 기회를 만드는 것이다.

독서는 삶의 스승이자 정신적으로 충실한 사람을 만드는 도구다. 책과 함께하면 깊은 사상과 철학, 시대의 흐름을 읽는 통찰력을 갖게 된다. 독서는 남과 자신의 비교가 아닌 내 스스로를 거울삼게 해주며, 다른 사람이 경험하고 공부해서 얻은 지식을 공유하고 그들과 소통할 수 있도록 도와준다. 독서는 인간이 누릴 수 있는 최고의 유희다.

인생 별거있나?는 위로에 속지말자

인생을 살아가는 데는 오직 두 가지 방법밖에 없다.
하나는 아무것도 기적이 아닌 것처럼,
다른 하나는 모든 것이 기적인 것처럼 살아가는 것이다.
- 알버트 아인슈타인

내가 책을 많이 읽는 사람을 존경하는 이유는 그 사람의 박학다식함이나 지혜로움 때문만이 아니다. 그 사람이 책을 통해 얻은 것이 무엇인지와는 상관없이 책을 대하는 자세가 존경스럽다. 독서는 인생을 살아가는 데 필요한 가장 기본적인 최소한의 준비라고 할 수 있다. 미래를 준비하는 가장 기본적이고 효율적인 방법인 독서를 하는지, 안 하는지 여부는 그 사람의 깊이를 분간하는 척도가 된다. 얼마 전 인터넷 신문에 다음과 같은 흥미로운 기사가 실렸다. 생각해보니 정말 맞는 이야기인 듯싶어서 절로 고개가 끄덕여졌다.

"자기 인생을 100점짜리라고 자부할 수 있는 사람은 별로 없을 것이다. 그런데 '100점짜리 인생을 만드는 법'이 있다고 한다. 만약 그 방법대로 살아 최고의 인생이 된다고 하면 누가 이를 마다할까?

일단 26자의 알파벳에 순서대로 숫자를 붙여준다. A에 1을 붙여주고, B에 2, C에 3, D에 4……, 이런 식으로 하다 보면 Z는 26이 된다. 그런 다음 알파벳 단어를 숫자로 환산해서 점수를 낸다. 한 사람이 물었다. "열심히 일하면 성공할까요?" 그러고는 계산을 해보았다. 'Hard work'는 98(8+1+18+4+23+15+18+11)점이었다. 이 계산법에 의하면 일만 열심히 한다고 100점짜리 인생이 되는 것은 아니다. 그렇다면 지식이 많으면 어떨까? 'Knowledge'는 96점, 운luck은 47점에 불과하다. 돈money은 72점, 리더십leadership은 89점이다. 그 사람이 다시 물었다. "그럼 100점짜리는 뭘까요?" 100점짜리 답은 '마음먹기attitude'였다. 이 '마음먹기'는 태도, 자세 등의 의미도 가지고 있다. 그러니까 인생은 '마음먹기'에 따라 100점짜리 인생이 가능하다는 말이다. 공감이 가는가? 그래서 잘 모르는 100점짜리를 추가한다. 'stress'도 100점이다. 건강한 스트레스를 의미한다. 학창시절 시험을 며칠 앞두고 긴장하면 공부가 더 잘되는 원리가 바로 그것이다. 그다음에는 숙어인데, 'Take a rest'다. '휴식하다'라는 의미로 충분히 쉬는 것도 100점이다."

재미있지 않은가? 그럼 100점짜리 최고의 인생을 살아가는 비결은 무엇일까? '하루하루를 내 인생의 마지막 날인 것'처럼 사는 것이다. 마르쿠스 아우렐리우스는 "하루를 마지막 날인 것처럼 살라."고 말한다.

그래야 순간에 충실할 수 있기 때문이다. 내가 살아갈 수 있는 시간은 오직 현재뿐이며, 잃어버릴 수 있는 것도 오직 현재뿐이다. 우리는 현재만 가질 수 있다. 현재를 놓치면 인생 전체를 놓치게 되는 것이다. 이런 현재가 반복되면 하루가 되고, 그 하루가 모이면 평생이 된다. 톨스토이는 "탄생에서 죽음에 이르는 인간의 삶은 아침에 일어나서 저녁에 잠자리에 드는 하루의 일과와 같다."고 했다. 한 페이지가 모여 한 권의 책이 되듯 하루가 모여 일생이 된다. 일상이 모여 인생이 된다. 언젠가 이 모든 것을 뒤엎을 만한 한방의 대박 사건이 있을 것이라고 생각하는 것은 오산이다. 자신이 노력한 만큼, 자신이 생각한 만큼 스스로가 바라고 소원했던 만큼 인생은 정직하게 돌려준다. 내가 선택한 수많은 결정들이 오늘날의 나를 만든 것이다. 우리는 인생의 한 점을 오늘 찍었을 뿐이다. 인생은 결과가 아니라 과정이다. 인생의 끝에는 죽음이 있기 때문에 무엇이든 지금 해야 한다. 하루를 어떻게 다루는지에 따라 전체적인 삶의 모양이 결정된다. 자신에게 주어진 시간을 어떻게 잘 쓰는지, 매사 어떤 태도로 삶을 대하고 있는지 아는 것, 그것이 100점짜리 최고의 인생을 사는 비결이다.

나는 "열심히 해~!"라는 말에서 어떠한 감흥도 얻지 못한다. 누구나 생각 없이 말할 수 있는, 어떤 처지에 놓인 사람에게라도 인사치레로 쓸 수 있는 '최고의 찬사(?)'가 아닐 수 없다.

물론 그런 인사 하나에 사람 사이의 정을 느끼고 감사하게 받아들일 수도 있겠지만, 말이 주는 진정한 의미를 생각해보면 '열심히 해'라는 것은 의지를 더욱 불태우는 말이 아니라 오히려 열심히 하던 일도 쉬게 만드는 묘한 어감의 브레이크 워드인 것 같다.

《나는 당신을 봅니다》의 저자 김창옥도 "많은 사람이 착각하는 것 중 하나가 열심히 살면 행복해질 것이라는 믿음이다."라며 다음과 같이 서술했다.

영화로도 유명한 《나니아 연대기》의 작가 C.S 루이스가 쓴 《스크루테이프의 편지》라는 책에는 인간을 유혹에 빠지게 하는 31가지 방법이 나온다. 그중에서 가장 흥미로운 이야기는 '똑똑한 인간'을 속이는 방법이다. 어느 날 조카 악마 웜우드가 묻는다.

"똑똑하고 잘사는 사람들을 속이려면 어떻게 하면 되죠?"

그러자 삼촌 악마 스쿠루테이프는 이렇게 답한다.

"열심히 살라고 말해줘. 그들은 너무 똑똑하기 때문에 적당히 즐기며 살라거나 여유 있는 삶을 살라는 식의 말은 절대 통하지 않아. 대신 그들에게 목표를 정해주고, 그것을 향해 쉬지 않고 달리라고 말해주면 돼. 그러면 우리가 굳이 무엇을 하지 않아도 그들 스스로 파멸하게 될 거야."

'누구보다도 열심히 살았는데 나에게 이런 일이!'라며 자신에게 일어난 일을 마른하늘에 날벼락처럼 받아들이는 사람이 있는 것만 보더라도 열심히 사는 것만이 삶의 해답은 아닌 듯하다.

한때 "그까이거 대충~하면 돼지."라는 말이 유행이었다. '일 더 한다고 해서 월급 더 주는 것도 아니고, 그렇게 열심히 한다고 해서 누가 알아주는 것도 아닌데 까짓것 하는 만큼 대충하면 되지 뭘 그러냐'고 생각할지 모른다. 하지만 생각해보자. 월급을 더 받기 위해서, 누군가가 자신이 하는 일을 인정해주길 바라서 일을 하는 것이 아니다. 우리는 각자 우리 모두의 인생을 살아가고 있다. 억압과 제압이 아닌 모든 것을 스스로 선택하고 결정하는 무한한 자유 속에서 매일의 사건에 어떻게 반응하고 어떠한 결정을 내려야 하는지 아는 것은 오직 자기 자신 뿐이다. 자신이 주인의식을 가지고 열심히 일을 하든 그렇지 않든 간에 삶은 계속되고 우리 모두는 자신의 역사를 기록해가고 있는 것이다. 비슷한 처지에 비슷한 연봉을 받고 비슷한 고민을 하는 사람끼리는 서로 배우지 못한다. 기껏해야 서로 '어차피 인생 별것 있나?'라며 서로를 다독이며 위로할 뿐이다.

"인생 별것 있나?"는 위로 한 번 안 받아본 사람은 없을 것이다. 전에는 그 위로가 참 위안이 되었는데, 독서로 자기계발을 하고 가치관이 변하고 나니 그러한 말은 위로도 뭣도 아니고 의미도 없고 위로의 성격도 갖지 못하는 말인 듯하다. '인생 별것 있나?'는 위로에 속지 말자.

세상이 불공평하다고 생각하는가? 맞다. 어쩌면 불공평한 게 세상의 이치일 수도 있다. 금수저를 물고 태어나지도 않았고, 가진 것도 없고 학벌도 스펙도 배경도 부모도 모든 것이 남보다 못해 보이는 자신을 한탄하다 보면 세상은 자신에게만 한없이 불공평해 보일 것이다. 그럼에도 불구하고 세상에 공평한 것이 딱 하나 있다. 바로 '시간'이다. 누구에게나 공평하게 주어지는 하루 24시간, 1년 365일, 그 어느 누구도 세월을 비껴갈 수 없으며, 더 특별하다고 해서 한 시간 더 얻을 수 있는 것도 아니다. 다만 24시간을 48시간처럼 사용하는 사람들이 있을 뿐이다. 이쯤 되면 '시간을 쓴다'라는 표현보다 '시간을 경영한다'는 말이 더 어울릴 듯하다.

"승자는 시간을 관리하며 살고, 패자는 시간에 끌려 다니며 산다."라는 말이 있다. 인생이 달라지길 원한다면 신세 한탄만 하고 있을 것이 아니라 시간을 정복하자. 살아보니 인생 별것 있더란다. 그 '별것'이라는 것이 무엇인지, 당신 또한 스스로 찾아보길 바란다.

읽은 것을 다 기억해야 하는 것은 아니다

지식의 넓이는 계속 공부하고 잊어버리는 사이에
두뇌 속에서 자연스레 키워진다.
- 히로나카 헤이스케

책은 처음부터 다 읽어야 한다는 오해 못지않게 많은 사람들이 책을 읽으면 내용을 다 기억해야 한다고 믿는다. 디지털 기술이 발달하면서 기억력에 의존해야 할 일이 많이 줄어든 것이 사실이다. 전화번호를 외우는 일 따위는 이제 없다. 이름과 번호만 스마트폰에 등록시켜두면 되니 말이다. 전화기를 분신처럼 가지고 다녀야 하는 불편함이 있지만, 전화번호뿐만 아니라 일정 및 메모 등을 저장해둘 수 있는 보조기억매체 하나쯤은 휴대하고 다니기에 중앙처리장치 어딘가에 심어져 있는 것을 꺼내기 위해 미간을 찌푸리는 일은 경험할 필요가 없다.

머리는 쓰면 쓸수록 좋아진다는데, 우리는 언젠가부터 머리를 쓰는 가장 하위단계인 기억해내는 것조차도 어려워하고 있다. 솔직히 말해 열심히 읽고 배워도 잊어버리는 게 정상이다. 하지만 잊어버린 것이 아니라 뇌의 어느 부분에 저장되어 있는데, 그것을 꺼내오지 못하는 것뿐이다. 반복은 뇌에 입력된 정보를 자꾸 꺼내 씀으로써 정보가 저장된 곳과 나의 의식 사이에 길을 내는 것이라고 생각한다. 기억해내려고 아무리 노력해도 생각나지 않던 것이 어느 순간 떠오른다거나 지금 바로 생각나진 않지만 '보면 알 것 같다'는 경험이 한 번쯤은 있을 것이다. 읽은 책의 내용을 잊을까 미리 생각하지 말자. 읽었을 때의 감동을 간직하는 것만으로도 이미 독서는 충분하다. 좋은 생각을 담고 있는 책이라면 분명 마음이 따뜻해지는 좋은 영향을 받았을 테고, 훌륭한 지식을 갖춘 책이라면 1밀리미리mm의 지식이라도 그 넓이가 확장되었을 것이다.

독일의 심리학자인 헤르만 에빙하우스Hermann Ebbinghous는 장장 16년에 걸친 망각실험을 통해 사람이 망각의 동물임을 입증했다. 에빙하우스의 연구에 의하면, 사람은 지식을 습득한 후 10분이 지나면 바로 잊기 시작한다고 한다. 망각 속도가 무척 빨라 한 시간이 지나면 50퍼센트를 잊고, 하루가 지나면 약 70퍼센트를 잊으며, 한 달 뒤에는 약 80퍼센트 이상을 망각한다고 한다. 사람의 뇌가 애초부터 불과 하루 만에 약 70퍼센트를 잊어버리도록 되어 있으니, 어제 읽은 책을 오늘 제대로 기억하지 못하는 것이 어쩌면 당연한 일이다. 망각의 법칙 앞에서는 누구나 평등하다. 그 누구도 에빙하우스의 망각곡선을 피해갈 수는 없다.

뇌에서 기억을 담당하는 부위는 '해마'다. 해마에 저장할 수 있는 기억의 양은 무한대에 가까우며, 저장하는 내용이 많을수록 해마의 크기와 기억능력은 발달한다. 그러나 한 번 저장된 내용을 영원히 기억하지는 않는다. 중요하지 않은 정보라고 판단되면 자동으로 기억에서 없애버린다. 중요한 정보의 기준은 기억하는 횟수다. 해마는 한 달에 몇 번 기억을 불러냈는지를 기준으로 하여 한 달이 지나도록 한 번도 찾지 않은 기억은 자동 포맷한다.

《본깨적》에서는 "기억이 가물가물해질 무렵 1일, 1주, 2주, 4주 간격으로 다시 읽기를 4번 반복하면 내용을 오래 기억할 수 있다."라며 기억을 붙잡는 방법을 다음과 같이 설명하고 있다.

> "도망가려는 기억을 잡을 수 있는 방법이 있다. 바로 '반복'이다. 기억이 가물가물해질 무렵 다시 읽기를 4번 반복하면 책 내용을 오래 기억할 수 있다. 똑같이 4번을 반복해 읽어도 어떤 주기로 반복하느냐에 따라 효과는 달라진다. 가장 좋은 방법은 에빙하우스의 망각곡선을 역이용하는 것이다. 하루가 지나면 70퍼센트를 잊어버리니 하루가 지났을 때 반복해 읽으면 기억의 상당 부분을 붙잡을 수 있다. 하루가 지나면서부터는 망각속도가 다소 둔화되므로 일주일이 지났을 때 한 번 더 읽고, 2주째에 한 번 더, 마지막으로 4주째에 한 번 더 반복해 읽는다."

나는 평소 책 페이지를 휴대폰 카메라로 찍어두고 자주 본다. 책을 읽다가 기록해두고 싶은 페이지를 만나면 메모장에 적어두곤 하는데, 하루 중 이런 여유를 부릴 만한 장소에서 독서할 수 있는 시간을 확보한다는 것이 쉽지는 않다. 내가 책을 읽는 시간은 대부분 대중교통을 이용할 때이다. 주말을 제외하고는 몇 시간씩 독서에 투자한다는 것이 현실적으로 어렵기에 읽을 페이지를 카메라로 찍어두고 이동 중에 읽는다. 또한 책을 읽다 보면 열 장 내외의 페이지를 남겨두고 곧 다 읽을 듯 말 듯 하면서도 쉽사리 마지막 장을 덮는 것이 힘들어 며칠째 방치하게 되는 경우가 있다. 계속 같은 책만 가지고 다녀서 지겹거나 새 책이었을 때 지니고 다녔던 느낌이 퇴색되면 나머지 페이지를 카메라로 찍어 자투리 시간을 이용해 읽는다. 휴대폰을 항상 가지고 다니기 때문에 교통수단을 이용하는 중이나 복잡한 곳, 심지어 화장실 같은 곳에서도 편하게 독서할 수 있으며, 몰래 책읽기도 가능하다.

사무실 내에서는 휴대폰을 만지작거리는 것이, 설사 그것으로 게임을 하든 영화를 보든 진짜 업무를 하든 간에 문제가 되지 않는다. 책을 읽으면 눈총을 주어도 스마트폰을 보고 있으면 별 말이 없는 것이 나로서는 이해되지 않지만, 어쨌든 함께 있는 사람들로부터 '무슨 책을 읽느냐?', '책 좀 읽나 보네?' 등의 관심 또는 시답잖은 말 한마디를 듣지 않아도 되고, 그저 휴대폰에 저장된 책 페이지를 수시로 읽으며 다른 사람들로부터 방해받지 않는 독서 패턴을 만들 수 있다.

특히 다 읽은 책 중에 메모 대신 사진을 남겨 놓은 것들은 다시 한 번 읽게 되어서 기억에도 오래 남으며, 좋은 구절이나 핵심을 담고 있어 반복해서 봐야 할 문장들은 수시로 보는 것만으로도 자기관리에 도움이 된다.

기억을 오래 붙잡기 위해 사진을 찍는 것 외에 휴대폰의 녹음기능을 이용하기도 한다. 종이도 연필도 없을 때 떠오르는 생각을 잡아두는 방법으로 효과적인데, 나는 휴대폰의 이런 기능을 이용하여 나만의 오디오북을 만든다.

우리는 모두 글을 알기 전부터 누군가가 들려주는 이야기를 통해서 상상의 세계를 경험했다. 소리를 통해 전개되는 이야기를 듣는 것은 이미지로 받아들이는 것과는 또 다른 매력을 갖고 있다. 살다 보면 녹음된 자신의 목소리를 듣게 되는 순간이 있다. 나 역시 초등학교 때 교과서에 실린 연극 대본을 녹음하면서 내 목소리를 처음 들었는데, 그때의 충격은 정말 이만저만이 아니었다.

"뭐? 이게 내 목소리라고?"

"응, 네 목소리 맞아. 내가 항상 듣는 네 목소리랑 같은데?"

같이 듣던 친구는 나의 목소리가 맞다고 했지만 난 인정할 수 없었다. 아무리 듣고 또 들어도 도저히 내 목소리 같지 않고 다른 사람이 말하는 것 같았다.

타인의 목소리를 들을 때는 공기를 통해 밖으로 전달되는 목소리의 음파를 주로 듣지만, 말을 하는 자신은 소리가 두개골을 울릴 때 발생하는 진동음까지 함께 듣기 때문에 말을 할 때 듣는 소리와 녹음해서 듣는 소리가 다르다고 한다. 자신의 목소리가 처음 들어본 목소리처럼 어색한 이유도 소리가 전달되는 경로가 다르기 때문이다.

자신의 목소리로 책을 읽고 녹음하여 오디오북을 만든다는 것은 어찌 보면 손발이 오그라들 일인지도 모르겠다. 하지만 자신의 목소리가 어색한 사람일수록 아나운서가 된 것처럼 발음과 억양에 신경 써서 공들여 녹음해보자. 발성연습을 통해 목소리를 바꾸고 싶은 사람이라면 더더욱 자기 목소리를 녹음해 들어보는 것이 좋다.

자신의 목소리를 듣는 것이 처음에는 어색하고 힘들겠지만, 책을 읽다가 간직하고 싶거나 전달해주고 싶은 메시지를 자신의 목소리로 녹음한 후 듣다 보면 재미도 있고, 귀에 쏙쏙 들어와 내용을 기억하는 데도 도움이 되어 독서의 색다른 즐거움을 느낄 수 있을 것이다. 책을 읽을 때 남에게 설명할 것을 전제하고 읽으면 내용을 쉽게 기억할 수 있다. 책 내용을 정확히 이해하고 오래 기억하고 싶다면 읽은 책을 다른 사람에게 말이나 글로 설명해보는 것이 도움이 될 것이다.

마지막으로 책의 미로에서 길을 잃었을 때 이정표가 되어주는 포스트잇을 활용한 독서방법을 알아보자. 《생산적 책읽기》의 안상헌 저자는 책을 읽으면서 중요한 구절에는 형광펜이나 볼펜으로 밑줄을 긋고, 다시 읽어야 할 곳에는 반드시 포스트잇을 붙여둔다고 한다. 그것들을 따라가며 읽다 보면 책의 내용을 쉽게 이해할 수 있고, 반복의 효과도 얻을 수 있다는 것이다.

"가끔 생활이 나태해지고 매너리즘에 빠졌을 때에는 책장에서 아무 책이나 꺼내 빨간색 포스트잇이 붙어 있는 곳만을 찾아 읽곤 한다. 그러면 기분이 나아지고 괜히 창의적으로 세상을 살아야겠다는 생각이 들면서 기분이 좋아진다. 때때로 책의 핵심내용을 알고 싶으면 파란색이 붙어 있는 페이지를 골라 읽는다. 강의를 할 때 소개할 좋은 사례나 글을 쓸 때 뒷받침이 될 수 있는 이야기들을 찾아낼 때는 노란색이 붙어 있는 곳만 읽는다. 이렇게 하면 제법 편하게 작업을 할 수 있어 오랫동안 이런 방법을 애용하고 있다."

– 안상헌의 《생산적 책읽기》 중에서

책을 덮으면 기억에 남는 것이 거의 없다고 낙심하지 말자. 어차피 우리는 망각곡선을 피해갈수 없다. 모든 것을 다 기억한다는 것은 불가능한 일이며, 설사 기억한다 하더라도 뇌는 완벽할지 모르나 정신건강에는 도움이 되지 않는다. 독서도 복습이 필요하다. 사라진 기억을 재생시키는 훈련만이 필요한 것이다.

사람은 책을 만들고, 책은 사람을 만든다

우리가 책을 대할 때는 한 장 한 장 넘길 때마다
자신을 읽는 일로 이어져야 하고,
잠든 영혼을 일깨워 보다 값있는 삶으로 눈을 떠야 한다.
- 법정 스님

한때 머리를 좋아지게 만드는 '두뇌트레이닝' 게임기가 유행한 적이 있다. 좌뇌와 우뇌를 각각 활성화시켜주는 트레이닝 방법으로 연산, 읽기, 기억, 숫자퍼즐 등 재미있는 게임을 통해 두뇌계발을 할 수 있고, 놀면서도 공부의 효과를 얻을 수 있다는 매력적인 상술로 사람들의 심리를 자극해 인기를 얻었다. 마침 가까운 친구가 그것을 가지고 있어서 몇 번 사용해볼 기회가 있었는데, 두뇌능력을 테스트해주고, 또 더 좋게 트레이닝해줄 것 같아 '하나 구입할까?' 하는 생각이 들었다. 하지만 고난이도라는 벽에 부딪혀 한계에 이르면 짜증이 났다. 트레이닝을 받으며 즐기는 것이 아니라 오히려 그것에 집착하고 있었던 것이다. 나에게는 두뇌훈련이라기보다 두뇌를 혼란시키는 순발력 테스터이자 중독성을 갖게 하는 게임기일 뿐이었다. 물론 아무것도 하지 않는 것보다야 낫겠지만, 이러한 행위는 결과적으로는 두뇌를 좋아지게 만드는 것이 아니라 좋아지는 것 같은 느낌만 갖게 할 뿐이다.

독서를 할 때와 게임을 할 때 머리를 쓴다는 점에서 비슷한 결과를 가져올 것 같지만, 다른 장에서도 언급했듯이 읽기를 할 때와 게임을 할 때 활성화되는 뇌의 영역은 다르다.

우리나라 직장인들은 책을 못 읽는 가장 큰 이유로 피로와 스트레스를 꼽는다. 먹고살기 바빠 책 읽을 시간도 없는데다, 막상 책을 읽어도 눈에 들어오지 않고 앞에 읽었던 내용도 잘 기억나지 않는다고 한다. 그들이 책을 읽지 못하는 이유가 정말 스트레스 때문일까? 독서는 하얀 바탕에 까만 글자만을 보기 때문에 기본적으로 측두엽과 후두엽을 강하게 자극하여 뇌에 피로나 스트레스를 거의 주지 않는다. 또한 스스로 생각하는 시간을 갖게 하기 때문에 스트레스의 정도를 줄여주거나 저항력을 향상시키는 데 도움이 된다. 프랑스의 문학가 샤를 드 스공다는 "한 시간 독서로 누그러지지 않는 걱정은 결코 없다."라고 말했다. 책을 읽지 못하는 이유가 스트레스 때문이라는 것은 책을 읽기 싫은 자들의 변명일 뿐이다.

〈EBS 라디오 문학관〉이라는 프로그램이 있었다. 세계 유명 단편들을 잘 편집된 극본을 바탕으로 성우들이 녹음을 한 뒤 매주 정해진 시간에 방송하는 '라디오로 듣는 문학작품'이었다. 한 권의 책 전체를 다 읽어주는 것이 아니라 수백 페이지가 넘는 분량을 단 몇 분의 방송분량으로 줄여놓았기 때문에 내용을 이해하는 데 있어서는 미흡할 수도 있었다. 어쩌면 원작을 책으로 읽는 것만큼 이해하지 못하는 것이 당연하다. 그러나 흡입력 있는 성우들의 목소리와 절제된 감정 표현, 간간이 복선이나 클라이맥스 부분에서 울리는 효과음 등은 처음 접한 작품일지라도 내용을 이해하는 데 별 문제가 없었다. 마지막의 작품해설까지 더해지면 감성적인 면이나 내용을 이해하는 면에서 책을 읽은 것 못지않은 감동이 있었다.

책을 읽지 않았어도 책을 읽은 것 같은 기분, 누군가의 목소리로 책을 듣는다는 것의 묘미 때문에 녹음 파일을 mp3에 저장해두고 방송시간에 구속됨 없이 꽤 열심히 들었던 기억이 있다. 듣다가 책으로도 읽어보고 싶다는 생각이 든 작품들은 책을 구입하여 읽었는데, 이는 두 번 읽는 효과와 같았다. 전문가들은 누군가가 읽어주는 책의 내용을 듣는 행위 역시 언어활동과 관계가 있으며, 언어는 뇌의 전반적인 기능을 활성화하는 데 직접적인 관계가 있다고 설명한다. 언어를 공부하면 전두엽이 발달하면서 뇌의 기능이 좋아지고 집중력 또한 향상된다. 헬싱키 대학의 뇌인지 연구교수 테야쿠얄라는 "뇌는 배움이라는 자극을 통해 유연하고 기능적으로 좋은 상태를 유지한다. 읽기가 삶의 일부이자 기준으로 정해진 현대 세계에서 읽기 기술을 습득하지 않은 사람의 뇌는 다른 사람과 똑같이 효과적으로 기능할 수 없다."고 했다.

책읽기는 때때로 한 사람의 인생을 바꿔놓기도 한다. 서울역 노숙자 출신의 사상철 씨는 태어나서 처음으로 읽은 책 한 권 덕분에 5년간의 노숙자 생활을 청산했다. 그날 이후 책에서 손을 뗄 수가 없었다는 서 씨는 지금도 책읽기는 수월하지 않고, 낯선 단어 때문에 이해하기 힘들어 몇 번이나 읽었던 곳으로 되돌아가 읽는 등 책과의 거리가 여전히 멀다고 말하면서도, 무섭다고 피할 수는 없는 것이기에 주어진 대로 읽을 것이라는 각오를 보였다. 서울메트로 스토리텔링 공모전에서 '지하철은 나의 도서관'이라는 스토리로 최우수상을 받은 박정혁 씨의 이야기도 이와 비슷하다.

"직장을 그만두고 실의에 빠져 있던 시절, 할 수 있는 일이라곤 그저 지하철을 타고 다니면서 일자리를 찾아보는 것뿐이었죠. 매번 30분에서 1시간 정도의 이동시간을 어떻게 활용할까 하다가 책을 읽기로 결심했습니다. 체격이 큰 편이라 앉아 있으면 옆 사람이 불편할까 봐 구석에 서서 읽기 시작했어요. 책상에만 앉으면 몇 페이지 넘기기도 힘들었는데 점차 수십 페이지로 독서량에 변화가 생겼고, 한 권 모두 읽는 경우도 있었습니다. 그렇게 읽은 책이 늘어날수록 다친 마음은 조금씩 치유가 되었고, 지하철에서 많은 사람들과 마주치며 그들처럼 열정적인 인생을 살고 싶어졌습니다. 덕분에 지금은 좌절을 딛고 대학과 기업에서 강연을 하며, 책이 주는 지혜와 지하철에서만 느낄 수 있는 생생한 인생 이야기를 전하는 강사가 되었습니다. 누군가 내게 지하철이 어떤 의미냐 물어본다면 '나의 도서관이자 희망의 공간'이라고 자신 있게 말하렵니다."

인생이 잘 풀리는 시기에는 오히려 독서하기가 쉽지 않다. 독서를 통해 자기계발을 하지 않더라도 좋은 일만 생기고 마음의 여유가 있기 때문에 굳이 독서할 필요성을 느끼지 못한다. 그래서 모든 일이 악순환으로 돌아갈 때가 바로 독서를 해야 할 때인 듯하다. 행복의 절정에서는 독서할 여유를 찾지 않기에 독서의 기초를 쌓을 수 없다. 그러나 힘들고 어려운 시기에는 자신의 문제점이나 부족한 점을 찾고, 위기를 극복하는 사람들의 이야기를 읽으며 스스로를 돌아보고 동기부여를 할 수 있는 시간을 찾으려 한다. 최악의 상태에서 운명의 책을 만날 수 있는 것이다.

조선 후기 책벌레 이덕무는 자신이 책을 읽는 이유를 이렇게 말한다.

"감당할 수 없을 만큼의 슬픔이 밀려와 사방을 둘러봐도 막막하기만 할 때에는 그저 땅을 뚫고 들어서고 싶을 뿐, 살고 싶은 마음이 조금도 없다. 하지만 다행스럽게도 나에게는 두 눈이 있고 글자를 알기에 한 권의 책을 들고 마음을 위로하면, 잠시 뒤에는 억눌리고 무너졌던 마음이 조금 진정된다."

닭이 알을 깔 때 알 속의 병아리가 껍질을 깨뜨리고 나오기 위하여 껍질 안에서 쪼는 것을 '줄啐'이라 하고, 어미 닭이 밖에서 쪼아 깨뜨리는 것을 '탁啄'이라 하는데, 이 두 가지가 동시에 행하여져 사제지간師弟之間이 될 연분緣分이 서로 무르익음을 비유한 말로 '줄탁동시啐啄同時'라는 말이 있다. 책과 사람의 관계도 줄탁동시가 아닐까 싶다. 알에서 나오려는 사람들과 이를 돕는 책의 관계, 사람은 책을 만들고 책은 사람을 만든다고 하지 않았던가? 책을 읽는 일은 곧 나를 읽는 일이다. 삶의 목적이 뚜렷하면 자신에게 필요한 책을 찾아내는 것 또한 쉽다. 그렇게 사람은 책을 만들고, 책은 사람을 만든다.

탁월함은 책에서 온다

자신이 한때 이곳에 살았음으로 해서
단 한사람의 인생이라도 행복해지는 것, 이것이 진정한 성공이다.
- 랄프 왈도 에머스

인간은 어떻게 살아야 잘 사는 것인지에 대한 호기심은 있으면서도 막상 그렇게 되기 위해서 실천해야 할 것들에 대해서는 관심을 두지 않는다. '시간 관리를 철저히 하라', '항상 감사하라', '책을 읽어라' 등 알고 나면 어이없을 정도로 간단하고 단순한 것들이기에 이러한 것은 실천해 볼 가치도 없는 것이라 생각하나 보다. 진리는 의외로 단순하다. 누구나 다 아는 이야기이지만 정작 아무나 실천할 수 없는 것을 보면, 사람들은 해답 뒤에 꿍꿍이가 있다 생각하고 힌트나 더 빨리 가는 길을 찾는 등 편법에만 눈이 멀어 있는 듯하다.

인생에서 성공하려면 무엇을 해야 할까? 그것에 독서는 어떻게 관여할까? 어떻게 하면 짜릿하고 황홀함을 느낄 만큼 성장하는 삶을 살아갈 수 있을까? 인생의 도약이 독서로 가능할까?

나는 성공이라는 단어를 떠올릴 때면 독서가 연상이 된다. 학벌이나 스펙, 물려받은 재산 또는 배경 따위에 연연하지 않고, 한 개인이 자신의 성장을 꿈꾸며, 현재보다 나은 삶, 성공, 탁월함을 갖기를 원한다면, 단언컨대 해답은 '독서'에 있기 때문이다.

공병호 박사는 "왜 공부해야 하는가?"라는 질문에 "삶은 탁월함을 향한 전진srtriving toward Excellence이어야 하므로 공부하며 살아야 한다."고 답했다. 탁월함이라는 결과를 손에 넣기 위해서는, 혹은 탁월함에 한 걸음 더 다가서기 위해서는 반드시 공부를 해야 한다는 것이다. 성인의 공부는 독서다. 물론 업무에 필요한 지식을 쌓는 일이나 외국어나 특정 학문에 관해 더 깊게 배우는 것도 공부라고 할 수 있다. 그러나 때에 맞는, 필요성 때문에 하는 공부가 아닌 가장 기본이 되고, 평생을 할 수 있고, 인생을 사는 데 언제나 필요한 공부가 무엇이냐고 한다면, 이는 바로 독서다. 독서는 탁월함에 한 길음 다가가게 해준다.

나는 내 주변 사람들이 책을 잘 읽지 않는다는 것을 알고 적잖은 충격을 받았다. 그들이 언제 어디서 책을 읽는지 내가 다 알 수 있는 것은 아니기에 섣불리 단정할 수는 없다. 하지만 책 읽는 사람은 어디서나 눈에 띄게 마련이다. 항상 책을 들고 다닌다거나 책 읽는 모습을 볼 수 있다. 또한 집에 방문해보면 아이 책 말고도 자신의 책으로 책장을 채워놓고 있다. 하지만 가족이나 친구들, 그리고 주변의 또래 엄마들부터 함께 근무하는 동료들까지 '아! 이 사람은 책 읽는 사람이구나'라고 생각해본 적이 거의 없을 정도다. 까마득한 신입 시절, 조직 내 블루오션을 찾고 있을 때 이와 같은 주변 상황을 보고 영어와 독서, 두 가지를 생각했다. 특히 독서는 경쟁이 아니라 창조에 의해 얻어지는 블루오션이며, 여기에는 높은 수익과 빠른 성장을 가능케 하는 엄청난 기회가 존재한다는 것을 깨달았다. 책을 가까이하고 책을 읽는 삶은 배신하지 않는 정직한 보답을 해줄 것 같았다. 사람들이 관심을 두지 않는 책이라는 것을 그저 좋아한다는 것만으로도 탁월함을 지닌 인간의 반열에 들어선 것이 아닐까 하는 착각이 들었다.

인간들 사이에 그다지 큰 차이는 없다. 다만, 실행에 옮기느냐 옮기지 않느냐의 차이만 있을 뿐이다. 일을 잘하는 것만이 끝이 아니다. 일을 잘한다는 평가를 받았다면 그다음으로 중요한 것은 다른 사람과 차별화되는, 내가 아니면 안 되는 나만의 '대체 불가능한 경쟁력'을 갖는 일이다. 당신은 대체 불가능한 경쟁력이란 무엇인지 생각해본 일이 있는가? 일을 잘한다는 것은 조직에서 인정받고 크게 성장하는 기회를 가졌다고 할 수 있으나, 여기에는 한계가 있다. 나 말고도 일을 잘하는 사람은 얼마든지 있을 수 있고, 내 자리는 누구라도 대체할 수 있다.

> "내가 열심히 일하는 이유는 오직 책 읽을 시간을 내기 위해서다. 훌륭한 소설이나 자서전, 차 한 잔, 몸을 푹 파묻혀 앉을 수 있는 아늑한 공간만 있으면 천국이 따로 없다. 나는 다른 사람의 생각 속에 사는 것이 정말 좋다. 종이 위에서 살아나는 사람들과 만나서 느끼

는 유대감은 나를 전율케 한다. 그들의 상황이 나와 크게 다르다 한들 대수랴, 나는 마치 내가 그들을 정말 잘 아고 있는 것처럼 느낄 뿐 아니라 그들을 통해 나 자신을 더 잘 파악하게 된다. 통찰려과 유용한 정보, 지식과 영감과 힘, 좋은 책은 이 모든 것을 우리에게 선사하고 덤도 얹어준다. 옥서라는 훌륭한 도구가 없었다면 내가 지금 어디에 있을지, 어떤 사람이 되었을지 상상조차 할 수 없다. 아마도 열여섯 살에 라디오 방송국에 스카우트되는 일은 절대 없었으리라."

– 오프라 윈프리의 《내가 확실히 아는 것들》 중에서

'책 읽을 시간을 내기 위해서는 열심히 일해야 한다'라는 오프라의 말이 모순처럼 들릴 수도 있겠지만, 여기에 많은 뜻이 함축되어 있는 것을 알기에 나는 더욱 숙연해진다. 독서가 인생을 변화시켰으며, 후회 없는 인생을 살고 있다고 말하는 사람들의 공통점은 꾸준히 책을 읽는다는 것이다. 독서를 통해 인생의 의미를 생각하게 되면, 주어진 삶은 절대적이고 무한한 것이 아님을 깨닫게 되고, 삶에 열정을 갖고 능동적으로 임하게 된다. 독서는 더 나은 삶을 상상하게 하며, 우리를 삶의 주인으로 만든다. 독서로 삶이 바뀌는 마법 같은 체험을 원한다면 스스로에게 다음과 같은 질문을 던져보자.

"하루에 단 10분이라도 책을 읽는가?"

“한 달에 책을 얼마나 사는가?”

“책이 잘 읽히는 나만의 장소가 있는가?”

이 같은 질문에 답할 수 없다면 책을 읽어야겠다는 의지가 강해도 독서가 뜻대로 되지 않을 것이며, 독서로 삶이 바뀌는 변화를 경험해보지 못할 것이다. 인생의 가치는 얼마나 많이 남을 이겨왔느냐가 아니라 남과 다른 것을 추구하고 완성하는 데 있다. 남을 이겨야 사는 것이 목적인 사람들은 탁월함에 이를 수 없다. 남과 다를 게 없다고 생각한다면 거기에서 멈추지 말고 남과 다르게 살기 위해서라도 지금 당장 책을 읽어야 한다.

우리는 직장에서 누구라도 환호할 만한 창의적인 아이디어는 고사하고 논거를 제시하며 이목을 집중시키는 영향력 있는 말 한마디 하기도 버겁다. 결국 어떤 책을 읽고 공부하며 어떤 혁신을 이루느냐가 남과 다른 개성과 창의력과 경쟁력을 결정하는 것이다. 책을 읽는 것만큼 가장 쉽고 가장 효과적인 자기 성장의 도구는 없다. 모두가 책을 읽지 않는다는 것은, 거꾸로 말하면 책을 읽기만 하면 자신을 돋보이게 할 수 있다는 얘기가 된다.

이는 커다란 기회다. 남보다 두드러지게 뛰어나고 싶다는 욕망을 갖지 않은 사람은 없으리라. 남보다 더 뛰어나고 싶다면 책을 읽자. 당신의 탁월함을 드러나게 해줄 것이다. 나라는 사람은 내가 생각한대로 만들 수 있다. 되고 싶은 나를 만나기 위해 태어났다. 되고 싶은 나 자신을 독서로 만들려고 생각한다. 독서는 가장 훌륭한 인도자이다. 독서가 '되고 싶은 나를', 그리고 '되고 싶은 당신'을 만들어준다. 성공한 이들은 시간이 많아서 책을 많이 읽을 수 있었던 것이 아니라 누구나 똑같이 주어진 시간 동안 책읽기를 선택한 것뿐이다. 남을 이기는 것이 아니라 남과 달라져 있는 자신을 발견하고, 그 탁월함에 이르는 비결은 책을 읽는 것이다.

4

인생지도,
책으로 그려라

생각읽는 독서의 힘 • 인생지도, 책으로 그려라

최대의 라이벌은 어제의 나 자신이다

매일 똑같이 살면서 어제와 다른 오늘을 기대하는 것은 미친 짓이다.
- 알버트 아인슈타인

최근 영국의 온라인 리서치 원폴이 조사한 바에 의하면 SNS를 이용하는 여성의 25%는 적어도 한 달에 한번 '가짜 게시물'을 올린다고 한다. 성인여성 2,000명을 대상으로 실시한 설문 조사에서 이들이 주로 올리는 '가짜 글'은 휴가나 직장을 미화하거나 집에 혼자 있으면서 시내에 나와 있는 척 하는 내용이며, 이 같은 '가짜 글'을 올리는 이유로는 친구나 지인이 자신의 글을 보고 흥미를 느끼거나 질투를 유발하기 위한 것으로 조사되었다.

영국 심리학자인 마이클 싱클레어 박사는 이 같은 현상에 대해 "자신이 행복해 보이는 척 노력하는 것은 오히려 스스로를 지치고 힘들게 만든다", "항상 온라인을 통해 세상과 접속하려고 하는 노력이 실제로는 자신을 더욱 고립시킬 수 있다"고 충고한다.

인간은 본디 외로운 동물이다. 그렇지 않은 척 하기 위해 자신을 위장

할수록 한계에 봉착할 뿐이다. 역사를 만들어나가고 인생을 가치 있게 살아간 사람들은 모두 혼자 있는 시간에 대한 관리가 철저했다. 그들은 다른 사람과 같이 있는 시간에는 공동의 일을 하는 것이 효율적이고 혼자 있는 시간에는 뭔가 자기만의 프로젝트를 준비하는 것이 좋다는 것을 알고 있었다. 주변사람들과 밝게 지내다가도 혼자가 되고 싶을 때는 단호하게 "혼자 있고 싶으니 그만 돌아가 주세요"라고 말 할 수 있는 용기가 필요한 것이다.

고독을 신뢰하고, 자신과 마주하는 시간을 중요하게 생각하며, 혼자 있는 시간을 이용하여 혼자가 아니고는 할 수 없는 세계를 즐길 수 있다면 삶의 유한함이 두렵지 않을 것이다.

고독한 시기에 자신을 단련한 경험이 있는 사람과 그렇지 않은 사람은 삶을 대하는 태도부터가 다르다.

대부분의 사람들은 갑자기 혼자가 되었을 때 외로움을 감당하지 못한다. 애초에 뭘 할지를 모르니 손쉽게 닿는 유희나 술에 의지하게 된다. 준비되지 않는 자유는 두렵다. 자유는 그 대가로 끊임없는 자기혁신과 통제를 원하기 때문이다. 나는 교대근무를 하기 때문에 평일에 쉴 수 있는 장점이 있다. 남들이 쉴 때 일하고 일할 때 쉬는 것이 각각의 장단점을 갖지만 휴일이나 명절 때 남들은 다 쉬는데 나는 일을 해야 한다고 생각하면 조금 억울할 것이다. 그러나 나는 평일 날 남들은 일하지만 나는 쉴 수 있는 것에 대해서만 생각한다. 점심시간을 제외하고는 바깥 외출이 쉽지 않은 타 직장인들에 비해 내가 거리를 걷든, 쇼핑을 하든, 공원에 있든, 고속도로를 달리든 한가하고 여유로움이 느껴지는 평일 오후를 마음껏 만끽할 수 있다는 것은 어찌 보면 행운인 것이다.

그런데 문제는 여기서 부터다. 평일의 휴무는 오롯이 처음부터 끝까지 내가 계획하고 이끌어야 하는, 그 하루의 책임이 온전히 나에게 주어진 날이다. 그동안 잠이 부족했다며 하루 종일 잘 수도 있고 스트레스를 해소한다며 오후 내내 인터넷 서핑을 하거나 텔레비전을 볼 수도 있다. 정해진 원칙이 없기 때문에 언제 일어나서 무엇을 해야 하는지가 모두 자신의 의지에 달려 있는 것이다. 스스로 정한 원칙이 없고 자신의 마음을 관리해 본 경험이 없는 사람에게 휴일이란 '시간 죽이기'와 다름없는 일이다.

언젠가 쉬는 날이어도 가만있지 못하고 여러 스케줄로 동분서주 움직이는 나에게 휴무날은 잠 "좀 자고 쉬지 그러냐"는 친구의 말에 "혼자 있는 시간이라도 시간을 허투루 쓰는 것은 생에 대한 모독이다"라며 응수해주었다.

'레드퀸효과'를 아는가? 경쟁자적인 위치의 두 생물이 서로 앞 다투어 진화하다보니 한 생물의 관점으로 보았을 땐 상당한 진화가 이루어졌지만 경쟁하는 생물과 비교해 보았을 때는 결국 제자리일 뿐이고, 그마저 진화하지 않으면 뒤쳐지고 도태된다는 가설이다.

루이스 캐럴의 동화 《이상한 나라의 앨리스》의 속편인 《거울 나라의 앨리스》에는 앨리스가 붉은 여왕과 함께 나무 아래에서 계속 달리는 장면이 나온다.

앨리스는 죽을 만큼 아무리 열심히 달려도 제자리걸음뿐인 경험을 하게 되면서 붉은여왕에게 묻는다.

"이렇게 열심히 뛰었는데 왜 앞으로 가지 않지?"

"당연한 건데, 바보 아니니? 앞으로 나아가고 싶다면 최소한 두 배 이상은 뛰어야 돼"

거울 나라는 한 사물이 움직이면 다른 사물도 그 만큼의 속도로 따라 움직이는 특이한 나라였다. 사람들은 누구나 더 나은 내일을 꿈꾼다. 앞으로의 삶이 지금과 같다고 생각하면서 변화도 발전도 없는 쳇바퀴 도는 삶을 살고 있을 미래는 생각하기도 싫을 만큼 우울하고 답답해진다. 현상유지는 쇠퇴를 의미한다. 현실은 잠시도 멈추지 않기 때문이다.

90년대 후반, IMF 경제위기가 닥쳤을 때였다. 취업의 문은 좁아지고 실직자는 계속 늘어갔으며 그룹, 증권, 은행사 등 할 것 없이 기업들은 속수무책 무너져 갔다. 공무원 시험을 보려는 사람들은 점점 늘어났으며 이는 사상최고 78.4:1 이라는 기록적인 경쟁률을 보이며 '9급고시' 라고 까지 불리웠다. 지금은 연령제한이 없으나 내가 시험을 치렀을 당시만 해도 상한연령이 있었을 때다. 제한 나이에 도달하면 그만 둬야 했기에 자격요건을 상실하기 전까지는 어떤 방법으로든 꼭 합격 해야만 했다. 그러다 보면 자신이 하고 싶은 일이나 적성 등은 고려 대상이 되지 못하고 수험생들은 기대치를 낮추어 자신의 점수로 합격할 수 있는 경쟁률이 낮은 직렬을 기웃거릴 수밖에 없었다. 나 역시 처음 공부를 시작했던 직렬과 다른 분야에서 일하고 있는 것만 봐도 얼마나 많은 변수 안에서 고민하고 갈등했었는지 기억이 새롭다.

처음에는 절박함이 없었기에 슬렁슬렁 학교 도서관이나 고시학원에서 수험생 흉내나 내고 다녔던 것 같다. 시험을 치를 수 있는 기회는 1년에 한 번 주어지기에 절박하지 않으면 꾸준하기가 힘들다. 나는 방황했고, 다른 꿈에 기웃거리기도 했었다. 그러다 '이제는 결단을 내려야겠다'는 생각에 동네 독서실을 월권으로 끊고 점심은 김밥이나 삶은 달걀로 대신하며 누구도 만나지 않고 1년여를 독서실에만 틀어박혀 지냈다. 가끔은 독서실 안으로 빛 하나 들어오지 않는다는 것이 고맙기까지 했었다. 어제의 나를 뛰어 넘는 일, 매일 매일 정진 하는 삶, 브레이크 없는 삶처럼 끝을 향해 치달았던 그때의 기억은 이제껏 살아온 삶 중에 가장 고되고 치열했던 때로 기억된다. 당시 가장 힘들었고 그래서 가장 하고 싶었던 것이 책을 읽고 음악을 듣는 일이었는데 수험서 외에 다른 책을 읽는 것은 사치라는 생각이 들어 하루 빨리 이 지긋한 생활을 끝내고 시험과 상관없이 책을 읽고 싶다는 생각만 들었다.

음악을 듣는 일 또한 마음을 어지럽혔다. 가사가 있건 없건, 특별히 좋아하는 음악을 듣고 있노라면 그것에 얽힌 장소와 시간, 에피소드 등

이 떠올라 이를 떨쳐내고 다시 공부에 집중하려면 많은 에너지가 소모되었기 때문에 정말이지 음악 감상은 금기 중에 금기였다. 가끔 '마지막 기회를 버리지 않고 하고자 했던 시험에 한 번 더 도전 했다면 지금쯤 내가 원하는 삶을 살고 있을까?' 라는 생각을 해보지만 그것은 지금 만족한 삶을 살고 있기에 가정해 볼 수 있는 인생의 또 다른 길 일 뿐이라고 생각한다.

당시 나의 목표는 당연히 시험에 합격하는 것이었다. 그러나 합격을 최종 목표로 하기 이전에 나의 하루하루가 비록 데칼코마니 같은 삶을 산다 할지라도 오늘은 어제의 나보다 조금 더 발전하는 모습이길 기대했고 스스로의 경쟁에서 이기는 것이었다. 원서접수 후 발표되는 공식적인 경쟁률이 아무리 높다할지라도 내게 있어서의 경쟁률은 언제나 2:1이었다. 나의 목표는 응시자들을 이기는 것이 아니라 나를 이기는 것이었고 내가 정한 커트라인의 벽을 깨는 것이었다. 지금 생각해보면 꼭 그렇게 까지 치열할 필요가 있었을까도 싶지만 그렇게 나를 담금질할 시기가 있었기에 훗날 나의 새로운 모습을 발견할 기회를 찾을 수 있지 않았나 생각한다.

어제보다 나은 내일을 만드는 것, 그것은 인생의 임무이다. 글씨가 눈에 들어오지 않을 만큼 몸이 피곤한 날에도 반드시 책은 반 페이지라도 읽고 잔다. 해도 그만, 안 해도 그만인 독서라 할지라도 단지 어제보다 단 1밀리미터라도 전진하고 싶은 나의 노력이자 의지력이 투영된 것이다. 나는 항상 오늘보다 내일이, 내일보다 모레가 더 나은 삶이고자 한다.

오늘 내가 이겨야 할 대상은 어제의 나인 것이다.

세상을 바꾸는 가장 쉬운 방법

어떤 소망이 당신 안에 태어난다고 치자.
당신은 그때 그것을 실현시킬 힘도
동시에 존재한다는 사실을 깨달아야만 한다.
– 리처드 버크

"콩 심은 데 콩 나고 팥 심은 데 팥 난다."는 속담이 있다. 문법에도 오류가 없고 자연법칙에도 맞는 말이기에 애써 뜻을 헤아려볼 필요성도 느끼지 못한 채 '당연한 걸 뭐?'라고 흘려듣기 일쑤다. 그러나 이 짧은 문장 안에 비밀이 숨어 있다는 것을 안 뒤부터는 내게 예사롭지 않은 속담이 되었다. 그것은 우주의 법칙 중 하나인 '원인과 결과의 법칙'이다.

자연의 법칙은 우리에게 많은 것을 가르쳐준다. 생각하는 것, 말하는 것, 그리고 행동하는 것은 우리가 뿌리는 씨앗이다. 미움으로 채워진 마음은 다른 사람들의 미움을 끌어오고, 사랑으로 채워진 마음은 사랑하는 사람들로 가득 차게 만들어준다.

어느 것 하나 마음대로 되는 것이 없다며 자신을 지지리도 운 없는 사람이라고 생각하는 사람이 있다. 그러나 자신을 그런 사람으로 생각함과 동시에 그는 그런 사람이 되는 것이다. 그가 그렇게 사는 데에는 모두 그 자신이 원인이 되었음을 깨달아야 한다. 이 세상은 자기 생각대로 이루어지게 되어 있다. 눈앞의 현실은 모두 다 그 사람의 생각이 실현되어 나타난 것이다. 이 세상에 일어나는 모든 일에는 원인이 있으며, 그 원인이 지금의 결과를 가져온 것이다. 그 원인을 만드는 것이 타인일까? 사건일까? 아니다. 다시 한 번 말하지만, 그 원인을 만드는 것은 바로 자신이다. 어떤 의미에서든 인생은 그 사람 자신의 것이다.

인생이 풀리지 않는 것은 주변 누군가의 탓이 아니다. 우리는 타인에게 영향을 줄 수는 있어도 타인의 인생을 바꾸거나 운명을 바꿀 수는 없다. 자신의 취향을 다른 사람에게 강요할 수도 없고, 세상을 자신의 뜻에 맞게 고칠 수도 없다. 자신의 삶에서 창조의 힘을 발휘할 수 있는 사람은 오직 자신뿐이다. 다른 사람은 존재하지 않는다. 지금 눈앞의 콩 열매는 이전에 스스로 뿌렸던 콩 씨앗에서 나온 것이다. 결코 뿌리지 않은 씨앗이 현실로 나타날 수는 없다. 현실을 만들어내는 것은 마음이다. 고민이나 괴로움, 고통이 존재하는 현실은 잘못 뿌리내린 생각과 사고로부터 생겨난다. 생각하는 것, 말하는 것, 그리고 행동하는 것은 바로 우리가 뿌리는 씨앗이며, 결국 그 씨앗과 같은 종류의 수확물로 자라나 우리 손으로 거둬들이게 된다. 그렇게 따지면 우리가 우연이라고 부르는 것들은 인생에 끼어들 틈이 없게 된다. 인생을 구성하고 있는 모든 요소는 실수를 모르는 정확한 법칙의 결과다. 환경과 싸운다는 것은 자기 내면에 원인이 되는 문제를 키우면서 외부로 드러난 결과에만 싸움을 거는 것이다.

가난한 사람이 형편이 나아지길 바라면서 보수가 적다며 불평하고 게으름을 피운다는 것은 진정한 풍요로움을 얻기 위한 원칙을 이해하지 못하는 것이다.

> "당신이 지금 행복하다면 그것은 당신이 지금 행복한 생각을 하고 있기 때문이다. 당신이 무언가 두려워하고 있든 아니든, 어리석든 현명하든, 안절부절못하든 평온하든, 당신이 지금 손에 쥐고 있는 감정의 원인은 당신의 외부가 아닌 내부에 가로놓여 있는 것이다."
>
> – 제임스 알렌의 《원인과 결과의 법칙》 중에서

인생의 모든 영역에서 얻기를 위한다면 먼저 주지 않으면 안 된다. 자신이 갖고 있는 것을 나눔으로써 삶은 보다 풍요로워진다.

사람의 의식은 의식과 무의식으로 나뉜다. 일반적으로 '의식'이라고 하는 것은 밖으로 드러나는 '현재의식'이고, 무의식은 사람이 그 존재를 느낄 수 없는 '잠재의식'이다. 정신분석학자 프로이트는 이 사실을 처음 발견했으며, 인류 역사상 최대의 발견이라는 평가를 받고 있다. 잠재의식은 무한대에 가까운 가능성을 자신의 것으로 만들어 활용하는 길이다. 잠재의식은 컨트롤이 가능한 영역임에도 불구하고 많은 사람들이 이 사실을 모르고 살아간다.

골치 아픈 일이 쉽게 해결되거나 소원하던 일이 자연스럽게 이루어지는 체험을 해본 적이 있는가? 이 같은 경험을 두고 '정말 운이 좋았어'라고만 넘길 것이 아니라 의식과 생각이 현실화된 결과라고 생각해야 한다. 현재의식을 만드는 것은 잠재의식이다. 아무리 성공하고 싶은 의지가 강해도 잠재의식에서 성공한 이미지를 허락하지 않는다면 현재의식도 의미가 없는 것이다. 의지는 상상력을 이기지 못한다.

'인생은 생각하는 대로 이루어진다', '사고가 곧 현실이 된다', '집중하는 대상, 그것은 창조물이다' 같은 얘기들을 많이 들어봤을 것이다. 성공법칙을 연구했던 철학자나 종교인들이 이미 수천 년 전부터 해왔던 말들이며, 최근에는 학자들이 대뇌생리학과 심리학 연구를 통해서 사람의 마음과 소망실현과의 관계를 밝혀내고 있다.

약 100년 전 미국의 목사인 조셉 머피는 많은 사람들과 상담하면서 고뇌를 해결하거나 소망을 달성하는 데에는 어떤 법칙성이 있다는 사실을 알아냈다. 즉 어떤 생각이라 해도 그것이 정녕 진심을 다한 것이라면 잠재의식은 그 생각을 반드시 실현시켜준다는 것이다. 능력이 없거나 운이 없어서 안 된다고 생각하는 사람들은 부정적인 잠재능력이 발휘되어 기대 이상의 성과를 내고 보상받을 가능성이 거의 없다. 사람은 자신이 생각한 그대로의 사람이 된다. 랄프 왈도 에머슨의 말처럼 당신의 인생은 당신이 하루 종일 무슨 생각을 하는지에 달려 있다. 모든 생각에는 창조의 힘이 있고, 삶이란 가장 많이 생각하는 것의 결과일 뿐이다. 어떤 것이든 간에 자주 떠오르는 생각은 결국 현실로 나타나게 마련이다. 성공한 사람들은 자신의 이미지를 항상 자신이 만들 수 있는 최고의 목표에 두고, 그것을 무의식에 각인될 정도로 떠올리고 또 떠올린다고 한다. PGA투어에서 통산8회 우승으로 동양인으로서는 최다 우승을 차지한 최경주는 "나는 강하고 지혜로운 사람이 되어간다. 나는 조금씩 더 강해졌고, 지금도 강해지고 있다. 세상의 동의를 얻으려고 한 적은 없다. 그렇기 때문에 어떤 말에도 내 결심은 흔들리지 않았다."라는 말로 자신을 정의했다. 좋은 일을 생각하면 좋은 일이 생기고, 나쁜 일을 생각하면 나쁜 일이 생긴다. 잠재의식 속에 최고의 것만을 새기자.

> "내가 수십 년을 두고 성공한 사람들의 사례를 연구해보았지만 결론은 하나였다. 10억을 번 가게주인도 1,000억을 번 재벌들도 알고 사용했건 모르고 사용했건, 자신의 내면세계를 긍정적으로 이용한다는 사실이었다."
>
> – 오사마 준이치의 《커피 한 잔의 명상으로 10억을 번 사람들》

세계를 움직이는 가장 강력한 브랜드로 자리매김한 오프라 윈프리, 그녀는 현재의 자리까지 올 수 있었던 가장 큰 성공비결에 대해 '책읽기'와 '감사일기'를 자주 언급했다. 현재를 소중히 여기고 삶을 긍정으로 이끄는 감사일기는 오프라 윈프리에게 삶의 방향을 어디에 두어야 할지 목표를 갖게 해주었다고 한다. 오프라 윈프리의 《내가 확실히 아는 것들》에서 감사일기의 효과와 기적에 관한 내용이 인상적이다.

"항상 감사한 마음을 가지기는 쉽지 않다. 하지만 당신이 가장 덜 감사할 때가 바로 감사함이 가져다줄 선물을 가장 필요로 할 때다. 감사하게 되면 내가 처한 상황을 객관적으로 멀리서 바라보게 된다. 그뿐만 아니라 어떤 상황이라도 바꿀 수 있다. 감사한 마음을 가지면 당신의 주파수가 변하고, 부정적 에너지가 긍정적 에너지로 바뀐다. 감사하는 것이야말로 당신의 일상을 바꿀 수 있는 가장 빠르고 쉬우며 강력한 방법이라고 나는 확신한다."

미국의 심리학 교수인 로버트 에몬스는 실험을 통해 "감사하는 사람은 훨씬 살아 있고, 경각심을 가지며 매사에 적극적이고 열정적이며, 다른 사람들과 더 맞닿아 있다고 느낀다."고 설명한다. 그는 실험참가자를 두 그룹으로 나누어 각기 다른 내용을 정기적으로 기록하게 했는데, 한 그룹에는 감사일기를 매일 또는 매주 쓰도록 했고, 또 다른 그룹에는 걱정거리를 적도록 했다. 10주 후 감사그룹은 걱정그룹에 비해 삶의 만족도, 건강, 행복지수가 높게 나타났고, 두통, 기침, 어지러움이 줄었으며, 수면이나 일, 운동 등에서 더 좋은 성과를 나타냈다. 감사하면 뇌 좌측의 전전두피질이 활성화되어 스트레스가 완화되고 행복해진다는 것이다. 심리학자들은 이를 '재설정reset' 버튼을 누르는 것과 같은 효과라고 설명한다. 감사가 인간이 느끼는 가장 강력한 감정이라는 사실을 여러 심리학자들의 연구를 통해 재확인한 것이다. 그저 감사했을 뿐인데 뇌의 화학구조와 호르몬이 변하고 신경전달물질들이 바뀐 것이다. 감사하지 않고서는 절대 아무 일도 시작되지 않으며, 설사 기회가 주어졌더라도 절대 선순환을 이룰 수 없다. 정신적이든 물질적이든 부가 이루어지는 모든 과정은 '감사'라는 단어로 요약할 수 있다.

세상을 바꾸는 가장 쉬운 방법은 자신의 마음을 바꾸는 것이다. 생각을 바꾸면 현실이 바뀐다.

다독이 정답은 아니다

어떤 사람이 입으로는 다섯 대 수레의 책을 외지만,
그 뜻을 물으면 멍하니 알지 못하는 이유는
다름이 아니라 생각하지 않았기 때문이다.
- 유성룡 《서애집》

세상을 살아가는 데 책보다 소중한 것이 바로 경험과 융통성이다. 그러나 경험과 융통성 또한 책을 읽어야 그 폭을 더 넓힐 수가 있다. 이렇듯 삶을 살아가는 데 있어 독서만한 인생의 지원군이 또 있을까. 묻고 싶을 땐 스승으로서, 힘들거나 외로울 때면 나를 위로해주는 친구로서, 연인으로서 책은 때에 따라, 상황에 따라 지혜와 통찰의 힘을 길러주며, 인생의 반려자로 함께하는 듯하다. 독서는 풍요롭고 지혜로운 삶을 위해서 반드시 필요하다. 이왕이면 많은 책을 읽어서 폭넓은 지식을 쌓는 것이 좋다. 그러나 아무리 많은 책을 읽어도 생각하지 않으면 읽은 책은 폐지와 다름없다. 독서의 목적은 삶의 지혜를 얻기 위함이다. 삶의 지혜를 얻기 위해 많은 책을 읽는다는 것은 분명 의미 있는 일이다. 그러나 반드시 그래야 할 이유는 없다.

나 역시 책을 좋아하여 한때 1년에 100권 읽기, 3년에 1,000권 읽기 등 많이 읽는 것에 목표를 두고 실행했지만, 지금 생각해보면 이기기 위한 독서를 했던 듯싶다.

100권의 책을 재빨리 읽어 내려가는 것보다는 좋은 책 한 권을 100번 읽는 것이 오히려 더 낫다. 이는 100권의 책을 읽는 것과 마찬가지다. 천천히 읽고 변화하는 것이 양으로 승부하는 독서보다 더 도움이 된다. 어느 날 '노안老眼이 오기 전까지 책을 많이 읽어둬야겠다'는 조급함과 욕심이 생겼다. '속독할 수 있으면 다독할 수 있겠구나' 싶어서 속독법을 배웠고, 실제로 속독을 해보니 책 한 권을 읽는 데 한 시간이 채 걸리지 않아서 처음에는 너무나 신기했다. '아, 나도 초당 한 장씩 넘겨서 읽는 책읽기의 경이로움을 경험할 수 있겠지?' 싶은 게 너무나 폼 나 보였고, 정말 그렇게 읽으면 1년에 3,000권을 읽는 것도 가능할 것 같았다. 그러나 그렇게 해서 책을 많이 읽었을지는 모르겠으나 머릿속에 남는 것은 아무것도 없는 것 같았다. '읽는 것'에만 급급했지 생각을 하지 않았기 때문이다. 책을 읽는 진짜 목적은 책에서 와 닿는 좋은 내용을 실천하는 것이다. 그렇게 하려면 읽은 내용을 다시금 곱씹어봐야 가능할 터인데, 그러한 과정이 없는 빨리 읽기 방법은 나하고는 맞지 않았다. 일단 책을 빨리 읽고 그다음에 생각하면 안 되냐고 묻는 사람도 있을 것이다. 물론 한 권을 한 시간 만에 다 읽고 나서 읽은 내용이 기억난다면 처음부터 찬찬히 곱씹어봐도 된다. 하지만 속독으로 책을 읽으면 자신이 무엇을 읽었는지 아무것도 기억해내지 못 한다. 속독에서는 읽는 속도만을 중시하기 때문이다. '분당 몇 만자'를 읽었는가?'만 중요할 뿐이다.

책을 읽다가 어떠한 문장에서 감동을 받았을 때 그 순간 '저자는 왜 이런 말을 했는지', '나는 저자와 생각이 같은지 다른지', '이 말을 나의 삶에 적용하려면 어떠한 삶의 태도를 가져야 하는지' 등 텍스트의 배경을 알고 저자의 의도와 자신의 생각을 비교 조정하여 다각화된 시각을 갖는 사고활동, 즉 복안사고複眼思考를 해야 읽는 것이 내 것이 된다. 한 권의 책 속에 녹아 있는 수많은 사례와 저자의 정수를 한 번의 눈 깜빡임으로 지나쳐 버려서는 안 된다.

일본의 문호 나쓰메 소세키가 "일본문학 사상 가장 아름다운 소설"이라고 극찬한 《은수저》는 100년 전의 문학작품이다. 이 책 한 권으로 3년 동안 수업한 국어 선생님과 그의 제자 이야기를 다룬 《천천히 깊게 읽는 즐거움》은 속도에서 깊이로 이끄는 슬로리딩의 진수를 보여준다. 메이지 시대에 태어난 한 국어 선생님이 그의 제자들에게 진짜 공부를 시키기 위해 "주입식 교육 대신 학생 스스로 흥미를 느끼고 학생이 주인공이 되어 공부해야 한다."며 교과서는 들춰보지도 않고 얇은 소설책 한 권으로 3년 동안 공부하는 세계적으로도 유례를 찾아보기 힘든 '기적'의 수업을 진행한다. 얇은 책 한 권에 3년이라는 시간을 들여 학생들이 흥미를 좇고, 모르는 것 없이 완전히 이해하는 경지에 이르도록 책 한 권을 철저하게 음미하는 숭고한 지독遲讀과 미독味讀의 '슬로리딩'을 한 것이다. 그 결과 《은수저》 수업3기에 해당하는 1968년 졸업생들은 사립학교 사상 최초로 '도쿄 대학 최다 합격'이라는 위업을 달성한다.

나는 다독多讀을 '여러 권의 책을 읽는 것이 아닌, 여러 번 책을 읽는 것'이라고 정의하고 싶다. 지금은 아이들이 있는 집이라면 전집 서너 세트쯤은 기본으로 들여놓고 살지만, 어릴 적 그다지 넉넉하지 않은 형편이었던 나는 초등학교 때 교과서 외에 읽은 책이라고는 전래동화를 모아놓은 모음집 두 권이 전부였다. 어찌나 읽고 읽었는지 아교풀칠을 해놓은 부분이 헤져 너덜거릴 정도였다. 손바닥보다 살짝 큰 크기에 세련되지 않은 겉표지, 그리고 누런 속지에 인쇄된 깨알 크기의 활자와 그림 하나 없었던 그 책이 초등학생에게 그리 재미있는 책은 아니었을 것이다. 그러나 그 책 말고는 읽을 책이 없었기에 같은 책을 읽고 또 읽다 보니 다른 재미를 발견하게 되었고, 유년시절의 나는 그 책을 닳도록 읽었다. 딸아이의 방에서 그때 읽었던 책제목을 발견하게 될 때면 줄거리와 함께 책 속 주인공들의 모습이 어릴 적 그 느낌 그대로 머릿속에 떠오른다.

"저는 책읽기에 있어 '다독 콤플렉스'를 버려야 한다고 생각합니다. 다독 콤플렉스를 가지면 쉽게 빨리 읽히는 얇은 책들만 읽게 되니까요. 올해 몇 권 읽었느냐, 자랑하는 책읽기에서 벗어났으면 합니다. 일 년에 다섯 권을 읽어도 거기 줄 친 부분이 몇 페이지냐가 중요한 것 같습니다. 줄 친 부분이라는 것은 말씀드렸던, 제게 '울림'

을 준 문장입니다. 그 울림이 있느냐 없느냐가 중요한 것이지 숫자는 의미가 없다고 봅니다. 보고 잊히는 것과 '몸은 길을 안다' 이 구절 하나 건져내는 것은 큰 차이가 있습니다. 그래서 최인훈의 《광장》을 다시 읽는다면 저는 아마도 지금보다 더 많은 부분에 줄을 칠 것 같습니다."

– 박웅현의 《책은 도끼다》 중에서

중국 송나라에 진정자라는 사람이 살았다. 그는 책을 좋아하고 공부하기를 즐기며 늘 지식에 목말라했다. 당연히 큰 학자가 되어 자신의 뜻을 펼치고 싶었다. 집에는 수천 권의 책이 쌓여 있었고, 공부도 열심히 했으나 자기만의 큰 깨달음이나 지식을 얻지 못하고 있다는 생각에 노심초사하고 있었다. 그러던 어느 날, 길을 가던 진정지가 우연히 대학자 주희를 만나 자신의 고민을 털어놓고 책 읽는 방법을 물었다. 주희의 대답은 다음과 같았다.

"앞으로 책을 읽을 때는 하루에 50글자씩 읽되 200번 혹은 300번 정도를 반복해서 읽고 항상 그 뜻을 음미하도록 하십시오."

진정지는 그때부터 빨리 읽기를 그치고 주희의 말에 따라 책을 천천히 읽어 큰 학자가 되었다고 한다.

당신에게 독서란 무엇인가? 무수히 널려 있는 정보를 수집하고 정리하는 하나의 도구일 수도 있고, 즐거움을 주는 도구일 수도 있을 것이다. 하지만 진정한 독서는 시간을 충분히 들이고 또 들여 책 속의 의미를 파악하고, 자신을 변화시키는 과정을 겪는 것이다.

진정한 독서란 '얼마나 많은 책을 읽었느냐'가 아니라 '읽은 책을 어느 정도 내 것으로 만들었느냐'에 있다. 생각의 범주를 넓히고 마음속 깊은 곳에서부터 일어나는 변화까지 경험해야 비로소 진정한 책읽기가 완성된다. 천천히 읽고 생각한 후에 찾아오는 그 짜릿한 즐거움을 느껴보자. 버스를 타고 휙 가버리는 소풍이 아닌, 걸어서 가는 소풍, 한 발짝 두 발짝 걸음을 옮길 때마다 길가에 핀 예쁜 꽃도 만나고, 가끔은 하늘도 올려다보며 심호흡 하는 산책 같은 책읽기를 해보자.

읽지 않아도 곁에 두자

아직 읽지 않은 모든 책들을 생각할 때면
나는 아직도 행복할 것이라는 확신이 든다.
- 쥘 르나르

책 3권을 주워 왔다. 재활용 분리수거가 있던 날 쓰레기를 분리하다 말고 폐지더미 속에서 책 3권을 추려 들고 집으로 돌아왔다. 손에 들려 있던 책은 《엄마를 부탁해》, 《해리포터와 아즈카반의 죄수 제3권》, 《남편이라는 것》이었다. 앞의 두 책은 이미 읽어 소장하고 있음에도 깨끗한 상태로 버려졌다는 이유 때문에 집어 들었고, 뒤의 책은 책 제목이 신선해서 집어 들었다. 나중에 검색해보니 《실락원》의 작가 와타나베 준이치가 쓴 책이었다. 아직 읽어보지는 못했지만, 나는 읽었던 책이건 아직 읽지 않은 책이건 누군가가 쓸모없다고 버린 책을 주워 다 놓고서는 뭐가 그리 뿌듯했는지 기분이 좋았다.

'앞표지의 제목이나 책등의 제목만 읽는 것도 독서에 포함될까?'라는 의문이 생긴다면 《수만 가지 책 100% 활용법》의 저자 우쓰데 마사미의 이야기를 들어보자. 그는 올바른 적독을 위해 지켜야 할 것으로 책을 봉

투에 담아두거나 제목이 보이지 않게 두는 것은 읽고 있다고 말할 수 없으니 제목이 잘 보이도록 쌓을 것을 권하였다.

"스스로 의식하지 못하는 동안 당신은 하루에도 여러 번 또는 수십 번씩 시야에 들어오는 책 제목으로부터 무의식의 자극을 받고 있으며, 생각의 흐름에 어떤 영향을 주고 있는 것입니다. 그러다 보면 책에 대한 호기심이 생기기 마련이고, 어떤 순간에는 '이 책이 참고가 될지 모르겠다' 하는 생각에 책장에 꽂힌 책을 뽑는 날이 오게 될 것입니다. 적독 효과를 좀 더 높이고 싶다면 제목이 눈에 들어왔을 때 의식적으로 자신에게 질문을 던져봅니다. 단순히 "ㅇㅇ(책제목)가 무슨 뜻이지?" 하고 마음속에 의문을 품어보는 것으로 충분합니다. 제목을 질문으로 바꾸는 순간, 그 책이 당신 마음속에 뚜렷한 이미지로 새겨지고, '내용이 뭘까?' 하는 호기심이 태어납니다. 이런 습관이 길러지면 어느새 그 책을 읽고 있는 당신을 발견하게 됩니다. 이처럼 적독도 훌륭한 독서입니다. 당신 눈에 책제목이 보였다면 당신은 이미 책을 읽고 있는 것입니다."

적독積讀도 독서의 일부다. 집 안에 읽지 않은 책이 너무 많이 있다고 한탄하지 말고, 자신이 언제든 읽기 위해 쌓아둔 것이라고 생각하자. '집에 책이 있다'는 자체가 언제나 책을 읽을 수 있는 환경에 놓여 있다는 것이기 때문이다. 다치바나 다카시도 "산책들은 책꽂이에 꽂지 말고 책상 위에 놓아두면 언젠가는 꼭 읽어야 할 것 같은 기분이 든다."고 하였다.

책을 자신의 주된 생활공간 가까이에 두면 책들이 때때로 말을 걸어올 것이다. 당장 읽지 않더라고 좋은 책들을 갖고 있으면 그것 자체가 많은 생각을 하게 만들고, 독서에 대한 열정을 불러일으키며 관심사를 확장시킨다. 예전에는 읽지 않은 책들이 책장 사이사이에서 발견되면 한숨부터 나오고 심난한 생각이 들었다. 읽은 책과 안 읽은, 덜 읽은 책들이 뒤죽박죽 책꽂이에 꽂혀 있으니 죄다 안 읽은 것 같은 생각이 들어서 읽지 않은 책들을 모조리 빼내어 제목이 보이도록 책상 위에 쌓아놓았다. 그런데 이상하게도 제목이 보이는 책들을 볼 때마다 읽지 못해 조급한 것이 아니라 언젠가는 읽을 수 있다는 설레는 기분이 들었다.

독서의 재미와 즐거움을 아는 사람은 책이 곁에 있다는 사실만으로도 기쁨을 느낀다고 한다. 제목마저 눈으로 볼 수 없는 한 사람이 있었다. 하지만 그는 계속해서 서재를 책으로 채웠다. 바로 아르헨티나의 소설가이자 시인, 평론가이며 국립도서관장을 지낸 호르헤 루이스 보르헤스Jorge Luis Borges다. 그는 생의 후반에 시력을 상실했지만, 서재에서 느끼는 행복에 대해 다음과 같이 이야기했다.

"나는 장님이 아닌 척 계속 책을 사서 내 서재를 채우고 있다. 전에 나는 1966년 판 《브로크하우스 백과사전》을 선물 받았다. 우리 집에 그 책이 있다는 느낌은 내게 행복감을 가져다준다. 저기에 20여 권의 책이 있구나, 비록 읽을 수도 없고 삽화와 지도도 볼 수 없었지만, 저기에 그 책이 있다는 느낌은 나를 행복하게 해주었다. 그 책들은 다정스럽게 나를 끌어당기고 있었다. 책이란 인간이 맛볼 수 있는 지고의 행복 가운데 하나다."

책을 사서 쌓아두는 것 또한 독서라면 온통 책뿐인 공간 속, 즉 서점이나 도서관에 머무는 것만으로도 저절로 독서가 되지 않을까 생각해본다. 삶의 의욕이 떨어졌을 때 사람들은 흔히 새벽시장이나 병원 응급실에 가보는 것이 도움이 될 것이라고 한다. 그러나 나에게는 서점이야말로 삶의 의욕을 충전시킬 수 있는 곳이다. 그곳에서는 무엇인가를 하려고 애쓰지 않아도, 그저 책과 함께 숨 쉬고 벽면 가득 책장 곳곳에 읽어야 할 책이 많이 있다는 사실을 자각하는 것만으로도 아직 살아볼 이유가 많다는 해답을 얻게 된다.

도서관 또한 같은 맥락이다. 읽지 않아도 책을 마음껏 부릴 수 있는 곳이 도서관이다. 이상하게 도서관에 가면 가슴이 뛴다는 나의 말에 한 지인은 "책이 좋으면 넌 평생 책에 파묻혀 사는 학자나 해야겠다."라고 말한 적이 있다.

비록 학자는 못되었으나 난 여전히 책을 읽고, 그래서 책을 쓰며,

여전히 가슴 뛰게 도서관을 짝사랑하고 있다. 해묵은 먼지 속에서 낡고 닳은 책, 그것의 냄새는 따뜻함과 설렘이 공존하는 이상야릇한 두근거림을 불러온다. 책장 사이사이 가지런히 꽂혀 있는 책의 제목들을 눈으로 훑고, 겉표지를 직접 만져보며, 책장을 넘기는 등 이 책에서 저 책으로 넘나드는 책의 파도타기는 지루할 틈 없이 책의 세계에 몰입하게 해주며, 그런 이유로 나는 서점과 도서관을 사랑한다. 우리는 '책'이라고 했을 때 '책이란 어떤 것인지, 어디다 쓰는 물건인지'에 대한 사전적 정의에 대해서는 더 이상 생각하지 않으며, 책을 좀 더 관념적인 뜻으로 해석하고 책의 가치에 대해 떠올린다. 책은 소모품일까? 소모품은 쓰는 대로 닳거나, 줄어들어 없어지거나, 못 쓰게 되는 물품 또는 필요할 때만 이용하고 버리는 존재를 비유적으로 이르는 말이다. 책을 소모품으로 생각하고 다 읽었다며 바로 버리는 사람은 없을 것이다. 아마도 외출할 때 버릴 책을 미리 준비했다가 아무 공중전화박스의 전화기 위에 올려놓는다는 장정일 작가도 읽었다고 바로 갖다 버리지는 않았을 것이다. 주변에 보면 책을 좋아하는 사람들의 특징 중 하나는 책을 쟁여놓는다는 것이다. 그들은 도서관에서 빌려온 책을 다 읽지도 않았으면서 또 빌려오거나 우연히 서점에 들러 한두 권씩 사들인 책들을 쌓아놓고 '언젠가는 읽을 거야'라며 각오를 다진다. 나 역시 아직 읽어야 할 책이 쌓여 있음에도 또 사서 쌓아두는 것을 보면 적독을 무척이나 사랑하는 사람이 아닌가 싶다.

읽어야 할 책들이 많다고 해서 초조해하지 말고, 읽어야 할 좋은 책들이 널려 있다고 생각하자. 언제든지 독서로 몰입할 수 있게 만드는 책들이 손을 뻗으면 닿을 위치에 놓여 있다는 것은 읽으려고 쌓아둔 책들로부터 축복받는 기분마저 든다.

《장미의 이름》으로 잘 알려진 움베르토 에코는 "책을 사서 책장에 꽂아만 둬도 그 책이 머리에 옮겨간다."고 했다. 책을 읽던, 읽지 않던 책이 존재하는 그 자체만으로도 독서할 수 있는 환경이 되고, 책과의 관계가 맺어진 것이다. 책을 자신의 주된 생활공간 가까이에 두면 책들이 때때로 말을 걸어올 것이다. 당장 읽지 않더라도 좋은 책들을 갖고 있으면 그것 자체가 많은 생각을 하게 만들고, 독서에 대한 열정을 불러일으키며, 관심사를 확장시킨다. 쌓아놓는다는 것은 게으름의 다른 이름일 수도 있고, 책 읽는 속도가 책 사는 속도를 따라가지 못한다는 뜻일 수도 있다. 하지만 나는 지금도 시야 곳곳 적積으로 무장된 책들을 보며 아널드 베넷의 이야기로 배짱을 부려본다.

"무슨 책이든 좋다고 생각되면 사라. 사서 방에 쌓아두면 독서의 분위기가 만들어진다. 외면적인 것이기는 하지만 이것이 중요하다."

스마트폰 대신 종이책을 들자

좋은 책을 읽는다는 것은 지난 몇 세기에 걸쳐
가장 훌륭한 사람들과 대화하는 것과 같다.
- 데카르트

'접속click'은 늘고 '접촉touch'은 줄어드는 디지털 시대에 아날로그의 삶이 느리고 불편하지만 역사와 문화, 교육 그리고 인간을 성숙시키는 힘이 있다고 믿는 사람이 있다. 바로 문학평론가이자 경희대 후마니타스칼리지 대학장 도정일 교수다. 삶의 가치와 의미가 회복된 사회를 만드는데 책읽기만큼 중요한 것은 없다고 늘 강조하는 그는 책읽기 노하우에 대한 질문에 다음과 같이 대답했다.

"요즘은 각종 디지털 매체가 젊은이들을 장악하고 있다. 디지털 매체에 전적으로 의존하는 환경은 굉장히 유해하다. 디지털은 접속의 왕이지만 접촉은 안 되는 매체다. 5분이라도 좋으니 매일 읽고, 연필로 밑줄도 긋고, 메모도 하면서 느림을 경험해야 한다. 학문의 깊이는 느림의 과정이 쌓여야 가능하다. 책과의 접촉은 나의 대한 책임이기도 하다."

19세기 초 신문이 대중화되자 많은 전문가들이 책이 사라질 위기에 처했다고 예측했다. '책이 어떻게 매일 보도하는 매체의 신속함과 경쟁할 수 있겠는가' 하는 생각이었다. 프랑스의 어떤 시인은 "사고는 빛의 속도로 세상에 퍼지고, 즉시 쓰여지고, 이해될 것이다. 오늘날 가능한 유일한 책은 신문이다."라고 말했다. 또한 축음기가 발명되자 문학작품을 읽기보다는 듣게 될 것이라는 예측이 나왔고, 사람들은 오디오 플레이어를 가지고 다니면서 눈을 삼고 책을 읽게 될 것이라고 했다. 그러나 '인쇄는 축음기로 대체될 것이고, 도서관은 축음기관으로 바뀔 것'이라는 예측은 보기 좋게 빗나갔으며, 책은 신문도 축음기도 극복하고 현재까지 살아남았다. 20세기 동안 책은 영화, 라디오, TV 등 치명적인 라이벌의 등장에도 굴하지 않고 살아남은 것이다. 움베르토 에코는《책의 우주》에서 "책은 수저나 망치나 바퀴, 또는 가위처럼 일단 한 번 발명되고 나면 더 나은 것을 발명할 수 없는 그런 물건"이라고 전제하면서 "책은 자신의 효율성을 이미 증명했고, 같은 용도의 물건으로서 책보다 나은 것을 만들어내기는 힘들다. 어쩌면 책을 이루는 각각의 구성요소들이 변할 수는 있을 것"이라고 예측했다.

세상의 모든 것이 디지털로 유통되는 세상이다. 책도 예외일 수는 없다. 단순히 종이책이 디지털의 옷을 입고 이동하는 것 이상으로 전자책은 콘텐츠, 소프트웨어 기술, 네트워크 분야가 어우러진 새로운 융합산업으로 진화 중이며, 종이책과 경쟁하는 단말기와 소프트웨어일수록 아날로그 책을 가깝게 흉내 내는 경향을 보이기까지 한다. '전자책이 종이책을 대체할 수 있을까?'라는 질문에 나는 단연코 그러지 않을 것이라고 확신하다. 종이책은 사라지지 않을 것이다. 책은 더 발전하기 어려울 만큼 궁극적 형태에 도달한 매체이기 때문이다. 제아무리 전자책이 인쇄도서의 장점들을 모방하며 미래의 종이책을 대체할 수 있을 것이라고는 하나 절대 뛰어넘을 수 없는 종이책만의 비장의 무기가 있다. 바로 책이 주는 감수성이다. 종이 고유의 매력을 전자책에서는 느낄 수 없다. 전자책도 종이책과 마찬가지로 책갈피, 밑줄, 메모 등의 기능을 제공한다. 더 나아가 화면을 누런 종이 빛깔로까지 바꿀 수 있고, 책장 넘기는 소리까지 종이책을 닮아가고 있다. 수백, 수천 권을 담아도 무게에는 변함이 없으며, 텍스트 검색이나 사전 기능 및 링크를 통해 추가 정보까지 얻을 수 있는 것은 전자책만이 가진 매력이다. 그러나 라디오가 신문을 대신하지 못했고, 인터넷이 TV를 없애지 못했듯이 하나의 미디어가 다른 미디어를 완전히 대체하기란 어렵다. 전자책은 종이책이 지닌 아날로그적인 감성을 흉내 낼 수 없다. 전자책은 독서라는 일차적 목적이 채워지면 쓸모없어진다. 책이 단지 지식과 문화를 전달하는 기록매체에 불과했다면 전자책은 그 역할을 충실히 대신하며 목적에 부합할 수 있었을 것이다. 그러나 책이 주는 부피감, 냄새, 촉감 등은 아무리

기술이 발달해도 대신할 수 없다. 전자책이 종이의 질감과 잉크의 번짐까지 똑같은 전자종이를 개발한다고 해도 종이책의 그것과 같은 감성을 구현할 수는 없을 것이기 때문이다.

수백 권의 책이 가득한 서재를 자랑하는 사람은 있어도 전자책이 담긴 수십 개의 단말기를 자랑하는 사람은 없다. 책이라는 것을 구시대적인 매체로 생각하며, 기술의 발전에 따라 없어지게 된다고 생각하는 기술 우위의 논리는 맞지 않다. 인간의 DNA 속에는 수백, 수천 년에 걸쳐 이루어진 일들에 대한 기억이 고스란히 간직되어 있어서 새로운 것들을 받아들이면서도 과거의 향수를 무의식적으로 추구하는 경향이 있다고 한다. 신문이나 책을 통해서 느끼는 종이 고유의 매력을 전자책에서는 느낄 수 없다. 종이를 한 장 한 장을 넘기면서 느끼는 실재감을 어찌 모니터에서 훑어보는 느낌과 비교할 수 있겠는가? 종이책은 윈도우(Window; 소프트웨어의 창)의 가상세계가 제공하지 못하는 물리적 만족감을 준다. 손끝에서 느껴지는 아날로그적 감각, 즉 인간은 본질적으로 '창문'이 아니라 그 너머에 있는 실체를 보고 싶어 하고, 만지고 싶어 한다. 여러 번 들춰봐서 부풀고 테두리가 닳은 책에서는 숭고함마저 느껴진다. 디지털은 접속의 왕이지만 접촉은 안 되는 매체다. 단 몇 분이라도 좋으니 매일 읽고, 밑줄도 긋고, 메모도 하면서 느림을 경험해야 한다. 학문의 깊이는 느림의 과정이 쌓여야 가능하다. 깊이는 속도에 반비례한다. 책을 읽는 것은 자기 자신이며, 책과의 접촉은 나에 대한 책임이다. 어찌 보면 수동적일 것 같지만, 세상 그 무엇을 통틀어보더라도 이것만큼 능동적이고 진취적인 행위는 없을 것이다.

> "책 페이지 위로 내 손가락이 부드럽게 스치면서 내는 소리, 앞장으로 되돌아가려고 책 페이지를 주르르 넘길 때 페이지들이 미끄러지면서 내는 소리." – 애너 퀸들러의 《독서가 어떻게 나의 인생을 바꾸었나》 중에서

미국의 작가이자 칼럼니스트인 애너 퀸들런은 종이책이 앞으로도 사라지지 않을 이유에 대해 읽을 때 느끼는 촉각의 쾌감을 이야기했다. 양손으로 책을 들고, 여러 개의 손가락을 사용하여 앞으로 넘기고 뒤로 되짚으며 느끼는 손맛의 짜릿함을 경험해본 사람은 알 것이다. 책장을 넘길 때 들리는 소리, 고서에서 느껴지는 쾌쾌한 냄새에서부터 새 책의 냄새까지 보고, 듣고, 맡고, 만져지는 쾌감, 종이책은 오감五感으로 읽힌다. 또한 종이책을 읽을 때의 물리적 감각과 책의 무게감은 기억력을 향상시키는 데 도움을 준다.

책에는 분명 책만이 사람에게 줄 수 있는, 다른 매체에게는 기대할 수 없는 특별한 혜택이 있다. 스마트폰이 대중화된 시대에 종이책을 읽는다는 것은, 그 자체만으로도 이미 무언가를 해내는 사람들이다. 책은 하나의 우주이고, 한 권의 책을 읽는다는 것은 하나의 우주를 만나는 과정이다. 여러 세계를 여행하는 여행자들이 넓은 식견을 가질 수 있듯,

책이라는 세계를 여행한 독서가들은 이미 자신만의 세계와 우주를 가진 사람들이다.

가끔 노트를 펴고 냄새를 맡아본다. 종이 위에 쓰인 연필의 흑연 냄새는 어지럽고 복잡했던 마음에 평화로움을 가져다준다. 손으로 연필을 깎아본 사람은 알 것이다. 손끝에서 느껴지는 연필 끝의 감촉과 냄새를. 글씨가 잘 써지면 괜스레 기분이 좋다. 연필소리 사각사각 들리는 밤, 작고 누추해도 자신만의 글을 쓸 수 있는 공간에서 아날로그적인 필기구 하나와 한 권의 종이책이 주는 아늑함과 여유를 온 감각으로 느껴보자. 오늘만큼은 책의 향기에 취하자.

책 앞에서 머뭇거릴수록 인생은 뒤처진다

만약 당신이 배를 만들고 싶다면
사람들에게 나무를 가져오게 하거나 일감을 나누지 말고,
사람들에게 바다에 대한 동경심을 키워주라.
- 생텍쥐베리

왜 책을 읽어야 하는지에 대한 답을 굳이 알려줘야만 하는 사람들이 있다. 안타깝게도 그들을 위해 따로 준비된 답은 없다. 워런 버핏은 "당신의 인생을 가장 짧은 시간에 가장 위대하게 바꿔줄 방법이 무엇인가? 만약 당신이 독서보다 더 좋은 방법을 알고 있다면 그 방법을 따르기 바란다. 그러나 인류가 현재까지 발견한 방법 가운데서만 찾는다면 당신은 결코 독서보다 더 좋은 방법을 찾을 수 없을 것이다."라고 말했다.

《여덟 단어》의 박웅현 저자는 어느 라디오 방송에서 "인문학을 하면 밥이 나옵니까?"라는 짓궂은 질문에 "인문학을 해서 밥이 나오는 직업도 있고, 그렇지 않은 직업도 있다. 근데 한 가지 확실한 사실은 인문학을 하면 밥이 맛있어진다."라고 대답했다. 나는 이 글을 읽고 독서도 이와 같다고 생각했다. 허 생원의 아내처럼 "책을 읽으면 밥이 나오나, 떡이 나오나?"에 대한 물음에 "독서를 하면 밥이 맛있어진다."라고 말해

주고 싶다. 책을 읽는 사람은 누구에게나 똑같이 주어진 24시간을 더 풍요롭게 만들고 있기 때문이다.

책 읽는 사람을 유심히 본 적이 있는가? 내가 책을 좋아해서인지 책 읽는 사람은 언제나 먼저 눈에 띈다. 그 사람이 읽는 책은 무엇인지 궁금하기도 하고, 무슨 생각을 하며 책을 읽고 있는지도 알고 싶어진다. 전철 안에서도 옆사람이 책을 읽고 있으면 그의 시선이 멈추는 페이지를 나도 모르게 훑어간다. '책을 읽는다'는 것은 무엇일까? 나의 존재 가치를 높일 수 있는 가장 쉽고 값싼 방법이 아닐까? 책을 읽는 것은 나다. 책 읽는 사람은 인간적으로 성장한다. 책 읽는 민족은 번영하고, 책 읽는 국민은 발전한다. 애국하는 일은 그리 어렵지 않다. 자신과 국가를 위하는 일이란 책과 가까이하는 것이다. 여기에 덧붙이자면 국가가 부강하고 국민이 잘 살려면 공무원들이 책을 많이 읽어야 한다.

내가 감히 이렇게 말할 수 있는 이유는 나의 신분 역시 공무원이기 때문이다. 공무원은 평생 직업이라는 인식이 강하여 조직이 개인을 버릴 수 있는 힘을 두려워하지 않는다. 여타의 다른 직장인들이 살아남기 위하여 고군분투할 때 '철밥통' 끼고 앉아 '안전'이라는 그늘막 안에서 여유를 부리며, '사오정', '오륙도'를 경험하지 않아도 되는 특권을 누리는 것이 지금 대한민국 공무원들의 현실이다.

시대가 변해 묵묵히 일 잘하는 사람보다 창조형 인재를 선호하고, 국가가 공무원들에게 요구하는 것이 늘어나 스스로 변화하지 않으면 도태되는 상황에 놓였다 할지라도 여전히 공무원 사회는 사물을 바라보는 태도나 사람을 대하는 태도, 미래를 바라보는 관점 및 열정 면에서 사기업과 현격한 차이를 보인다. 치열한 경쟁을 뚫고 공무원이 되었지만, 정작 관문을 통과한 뒤에는 합격하기 위해 노력했던 그 열정과 수고들을 왜 다시 꺼내 쓰지 못하는 건지 아쉽기만 하다. 직장인의 독서는 기업의 자본이다. 공무원의 독서 역시 국가의 자본이다. 최근 일부 도시 및 지자체에서 독서운동을 전개하고 있다. 그들은 독서를 통해 끊임없이 학습하는 공직 분위기의 확산과 사고능력 배양으로 창의적 조직문화 조성에 앞장서고 있다. 책읽기는 반드시 공부를 동반하지 않지만, 공부는 반드시 책읽기를 수반한다. 수많은 정치적, 사회적 이슈를 다루는 입법, 사법, 행정 등 공공의 영역은 여러 현안에 대한 깊은 연구와 학습을 필요로 한다. 공무를 담당하는 이들이 책을 읽고 시민 사회의 삶에 깊은 관심을 품지 않는 나라는 결국 뿌리까지 혁신되지 않는다. 지금 이 글을 읽는 당신이 공무원이라면 '매년 수백 조 예산을 운영하면서도 나라가 이 모양'이라며 나라꼴을 운운하기 전에 당신부터 책을 읽어라. 나라꼴이 이 모양인 이유는 '자원'의 결핍 탓이 아니라 전적으로 '읽기'의 결핍 탓이기 때문이다.

2008년 김해 시는 '책 읽는 도시'를 선포하고, '공무원부터 읽자'며 7년째 독서모임을 이어오고 있다. '시민들한테만 책을 읽으라 하지 말고 우리도 책 읽는 모임을 해보면 어떨까?' 하고 생각한 것이 계기가 되어

지금껏 유지되어 오고 있다. 다음은 독서모임에 참가한 어느 공무원의 이야기이다.

"책읽기 모임에 나온 후 유연해졌다는 말을 많이 듣습니다. 민원을 처리할 때도, 그 일을 다양하고 풍부하게 생각하려고 애씁니다. 단순히 업무를 처리한다는 생각보다 시민적 가치를 이모저모 따져봅니다. 공무는 시민의 삶과 밀접하게 이어져 있으니까요. 그렇지 않다면 저희가 존재할 필요가 없겠죠."

단순히 지식과 정보를 중시하던 과거는 지나가고, 현재 우리는 창조와 감성의 시대에 살고 있다. 남들과 다른 1퍼센트에 따라 경쟁력이 결정되는 시대인 만큼 공무원들은 독서를 통해 자신을 되돌아보고, 국민들이 요구하는 가치를 찾기 위해 끊임없이 노력해야 한다. 그러나 지금 우리의 분위기는 감히 책 볼 엄두를 내지 못한다. 업무시간에 책을 읽는 공무원을 본다면 열이면 열 '할 일이 없으니 책이나 읽고 있다'라고 생각한다.

할 일 없어 읽는 것이 아니라 일을 더 잘하기 위해 책을 읽는 것이다. 지식사회의 구성원들은 공부하는 것이 일이 되어야 한다. 철학하지 않는 공무원은 국민들에게 더 나은 서비스를 제공하기 어렵다. 조직의 미래, 더 나아가 국가의 미래를 위한다면 책 읽는 공무원에게 박수를 보내야 마땅하다. 책을 읽는 직원들에게 잔소리를 하는 상사는 조직의 미래를 위해 무엇이 중요한지도 모르는 무능한 사람이다. 그러한 리더가 있는 조직의 미래는 어둡다.

책은 인생의 바다에 던져진 백금과 같다. 정체된 내면에 변화를 일으키고, 새로운 세계를 향한 운동을 만든다. 때로는 조용하고 때로는 분명하게 책은 우리 자신을, 우리를 둘러싼 조직을, 조직을 둘러싼 사회를 변화시킨다. 책을 통해 인간은 세상의 모든 것과 이어지고, 그곳에서 우리가 나아갈 길을 알게 된다.

독서의 중요성은 누구나 공감하며 실천에 옮기고자 한다. 하지만 끈기 있게 자신과의 약속을 지켜내는 사람은 드물다. 외모에서 느껴지는 이미지가 '책을 참 많이 읽을 것 같다'고 생각되는 사람이 있었다. 그동안 쭉 봐 왔는데, 업무적인 면에서도 우수하고 인산성도 꽤 좋은 스마트한 사람이었다. 어느 날 당연히 책을 좋아할 거라 생각하고, "요즘은 무슨 책을 읽느냐?"고 물었는데 돌아오는 대답이 나를 당황하게 만들었다. 그는 고등학교 때 이후로 책을 사본 적이 없다고 했다. 책을 사지는 않았어도 읽은 적은 있겠지 싶어 다시 물었지만 여전히 업무와 관련된 책말고는 소설책 하나도 펴본 기억이 없다고 했다. 그리고 그런 걸 왜 물어보냐는 물음에 내가 느낀 그대로를 말해주었다. 이미지는 참 독서광(?)스러운데 정말 의외였다고. 그러나 그에게 책을 읽히고 싶다는 충동, 아니 그가 책을 많이 읽었으면 하는 바람에 책 읽을 것을 조심스럽게 권했는데, 반응이 긍정적이었다. 보통 성인에게 좋은 것을 권유해보면 그것이 자신에게 도움이 되고 좋은 일임을 알면서도 새로운 도전을 해보는 것이 귀찮아서, 혹은 해보지 않은 일에 대한 두려움으로 거부하는 경우가 대부분이다. 그래서 상대방이 거절하면 민망한 상황이 연출되는데, 다행히도 적극 고려해본다고 하는 것이 아닌가. 함께 책을 읽는 동지가 생긴 것 같은 기분이 들어 반갑기도 하고, 이미지처럼 꽤 괜찮은 사람으로 느껴져 더욱 성장하길 바랐다. 그는 인터넷 서점에서 처음으로 '책'이라는 것을 샀다. 집에 책이 배달되는 기이한 현상을 목격하신 그의 어머니는 "살다 보니 네가 책을 보는 날도 있느냐?"며 놀라움을 금치 못하셨다고 한다. 그는 그렇게 책을 읽기 시작했고, 1년 동안 욕심내지 않고 한 달에 한 권씩 5년 동안 꾸준히 책을 읽고, 읽은 책을 책꽂이에 자랑스럽게 진열해두겠다고 다짐했다. 그러다 얼마 후 인사발령으로 서로 다른 곳으로 가게 되었는데, 몇 달이 지난 후 그를 다시 만났을 때 책 읽는 모습은 전혀 찾아볼 수 없었다. '오늘의 동지가 내일의 적'이 된 기분이랄까, 밉기도 했고 아쉽기도 했지만 무엇보다도 안타까운 마음이 컸다.

'조금만 더 노력해보지. 고비가 있어도 잘 이겨내지. 독서에 흥미가 생길 그날이 그리 멀지 않았는데, 그동안 읽었던 것마저 다 잊어버렸겠지'라며 혼자 많이 아쉬워했다. 무엇이든 한 번의 발돋움으로 건너뛰기란 역부족이다. 건너가야 할 목적지가 너무 멀면 금방 포기하고 다른 것을 하고 싶을 때도 있게 마련이다.

인생에서 '적당한 때'란 없다. 적당한 때를 기다린다는 건 적당하지 않은 지금 순간을 꾹 참고 있는 것에 불과할 뿐이다. 내일은 곧 오늘이 된다. 읽을까 말까 머뭇거리는 순간 인생은 뒤처진다. 책을 들고, 펴고, 읽어라. 머뭇거리기에 인생은 짧다.

무리에서 벗어나 책을 읽어라

우리 내면에는 언제든지 들어가서
자신을 회복할 수 있는 고요한 성소가 있다.
- 헤르만 헤세

하루 중 책 읽을 시간이 많으면 좋겠지만 직장인, 주부, 학생 등 각자 생활 속에서 온전히 독서만을 위한 시간을 확보하기란 쉽지 않다. 그래서 틈새독서, 하루 10분 독서, 몰입독서 등 자투리시간에 책을 읽는 효율적인 방법들이 생겨난 게 아닌가 싶다. 책을 읽으려면 혼자만의 시간을 가져야 한다. 무리지어 있으면 독서는 불가능하다. 나는 언제나 가방에 책 한 권은 들고 다니려고 노력한다. 언제 어디서든 혼자만의 시간이 확보되면 서슴지 않고 책을 꺼내 읽는다. 그러나 어쩌다 동료와 퇴근길이 같거나 직원들이 함께 움직여야 하는 경우가 생기면 목적지까지 가는 내내 업무의 연장으로 둔갑한 잡담으로 시간을 때우기 일쑤다. 너무나 허탈하고 시간이 아까워 혼자 멀찌감치 떨어져 책을 읽어보려 애쓰지만, 이 또한 여간 눈치 보이는 일이 아니다. 진정 독서는 고독한 일이구나 싶다. 철저히 고독하지 않고서는 독서는 불가능한 일인 것 같다.

E는 여느 때와 마찬가지로 점심식사를 마치고, 직장 선배들과 커피를 마시기 위해 카페를 찾았다. 회사들이 밀집해 있는 곳에 위치해서인지 점심시간에는 항상 사람들로 붐비는 곳이었다. 카페에 들어서자 팀의 막내인 E는 음료를 주문하기 위해 줄을 서고 기다렸다. 테이블은 이미 다 찼지만 방금 한 팀이 일어서면서 빈자리가 생겼고, E의 일행은 자리를 잡을 수 있었다. E는 차례를 기다리면서 카페 내 테이블에 앉아 있는 사람들을 쭉 한번 훑어보았다.

삼삼오오 모여 앉아 수다꽃을 피우는 직장인들, 아침 일찍 온 듯 바닥이 드러난 음료잔과 노트북이 놓인 테이블에서 리포트를 작성하는 여대생, 학생인지 직장인인지 알 수 없지만 다이어리를 펴고 뭔가를 열심히 쓰는 여성, 그러다 고개를 돌려 시선을 옮겼는데 카페 한구석에서 뭔가를 깊이 생각하는 표정으로 앉아 책을 읽고 있는 사람이 눈에 들어왔다. 매번 카페 안은 사람들로 북적댔을 것이다. 책 읽는 사람도 넘쳐났을 것이다. 그런데 그날따라 카페 구석에 혼자 앉아 책을 보는 사람을 보는 순간 강한 이끌림 같은 것이 느껴졌다. 그가 있는 공간은 주변의 북적거림과는 어울리지 않는, 분명 같은 공간에 존재함에도 다른 공간을 뚝 떼어와 붙여놓은 것 같은 이질감이 느껴졌다.

음료를 주문하고 받아서 자리에 앉은 E는 선배들이 하던 이야기의 흐름을 깨지 않으려고 눈치껏 주제를 파악하고, 주제에서 벗어나지 않으려고 마음에 있지도 않은 말로 맞장구를 치고, 속마음과 다른 이야기들을 내뱉으면서 선배들의 비위를 맞췄다. 그러나 머릿속은 아까 카페 구석에서 본 책 읽는 사람에 대한 호기심으로 가득 찼다. 다시금 고개를 돌려 보았지만 책 읽는 사람은 자리를 뜨고 없었다.

'내가 잘못 본 걸까?' E의 마음에는 알 수 없는 묘한 설렘이 하루 종일 가시질 않았다. 하지만 어째서 자신이 그 모습을 강하게 기억하고 집착하는지 알지 못했다. 그날 이후부터 E는 선배들과 어울리며 옷이나 신발 등의 명품 쇼핑 후기나 연예인 이야기, 상사 뒷담화 등을 하며 보내는 의미 없는 시간들이 점점 불편해지기 시작했다.

E가 느끼는 느낌이 어떤 것인지 알 것 같다. 조직에 몸담고 있으면 '인간관계와 자신이 하고 싶은 일을 어떻게 양립시킬 것인가' 하는 큰 과제를 품게 된다. 나 또한 그런 의미 없는 시간의 소비가 얼마나 어리석은 행동인지 안다. 물론 동료들 간의 소통도 중요하다. 하지만 문제는 자신이 그런 시간들을 부질없다고 느꼈거나 뭔가 잘못되어가고 있는 것을 인지했을 경우에도 계속 그러한 행동을 반복한다는 것이다. 개선의 여지를 찾아 방향을 다시 잡을 것인지, 멈춰 있을 것인지 선택해야 한다. 성공하고 싶다면 몰려다니지 말아야 한다. 지성인으로 살기 위해서는 소통을 위한 고립, 즉 자의에 의한 '자발적인 고립'을 즐겨야 한다. 기꺼이 홀로 있을 수 있어야 하고, 고독에 익숙해져야 한다. 성공한 사람은 언제나 혼자 있는 것에 익숙하다. 친구 하나 없는 외톨이라는 말이 아니다. 성공한 사람은 단지 혼자서 행동한다는 것이다. 무리지어 있으

면 독서는 불가능하다. 독서의 타이밍은 혼자 있을 때 열린다. 비슷한 연봉, 비슷한 처지, 비슷한 생각을 하는 사람들은 모여 있어도 서로에게서 아무것도 배우지 못한다.

어려운 일에 부딪치면 사람들은 대부분 주변에 있는 가까운 사람을 찾는다. 그러나 어울려서 푸념하고 지지부진한 이야기를 늘어나봐야 얻을 수 있는 것은 없다. 결국은 혼자 남겨진 자기 자신과 마주해야 한다. 사람들로부터 위로를 받을 때는 내편이 생긴 것 같은 착각에 의지가 되고 힘이 나는 것 같지만, 시간이 지나 조금 전 나를 위로해주던 사람들이 온데간데없어지고 혼자 남겨지면 더 막막하고 우울해진다.

사람에게는 때로 고요하게 있는 시간이 필요하다. 현대인의 가장 큰 문제 중 하나는 고요하게 있지 못한다는 것이다. 인사발령을 받고 서울로 올라와 사무실 근처에 방 하나를 구해 살 때 있었던 일이다. 당장 출퇴근만 해결되면 되었기에, 생활가전을 구입하는 일은 뒤로 미루고 집에서 가지고 올라온 옷가지와 이불, 그리고 밥상 하나만 준비해서 살았다. 책을 읽으면 딱이겠다 싶어서 어느 날 퇴근길에 서점에 들러 책 몇 권을 사서 집에 갔다. 겨울이어서 오후 6시만 되어도 날은 금방 어두워졌고 추웠다. 인기척 하나 없는 방에 홀로 앉아 책을 읽자니 내용이 눈에 들어오지도 않고 외로웠다. 그로부터 한 달 뒤 낯선 타향에서 시작한 늦깎이 사회 초년생의 독서생활은 중고판매점에서 TV를 구입하면서 막을 내렸다.

고요함이 주는 어색함을 견디지 못했기 때문이다. 지금은 오히려 너무나 익숙한 환경이 되었기에 집이 절간처럼 조용해도 어색하지 않다. 남편도 아이도 모두 나가고 없는 혼자 있는 시간은 육아와 살림, 직장일로 지친 나에게 태양에너지와 맞먹는 에너지원이 되어준다. 사람은 고요함 속에 있을 때 자기 자신과 대면하고, 타인과 세상에 대해 생각하게 된다.

힘든 현실이 생기면 현실에 얽매지 말고 책을 더 많이 읽어야 한다. '화가 나는데, 연인과 헤어져 눈물이 나는데 책이 지금 눈에 들어오나?'고 물을지도 모르겠다. 하지만 그런 때일수록 술과 친구에게 의존하지 말고 좋아하는 책, 재미있는 책, 읽고 싶었던 책을 읽는 데 열중해보자. 책을 많이 읽다 보면 푸념을 늘어놓을 시간이 생기지 않는다. 독서는 푸념, 즉 부정적인 생각을 거둬들이고, 저자와 함께 긍정적인 생각으로 고민하게 한다. 책 읽는 사람은 외롭지 않다. 홀로 책 읽는 사람을 보면서 외로워 보인다고 생각해본 적은 없다. 누군가와 함께 있지 않지만, 책을 읽는 사람은 이미 세계와 만나고 있는 것이다. 군중 속에서 외로워하지 말고, 무리에서 벗어나 책을 읽자. 자기만의 방에서 방해받지 않는 독서를 통해 세상과 마주하자. 고민이 많다는 것은 독서할 수 있는 행운을 가졌다는 뜻이다.

인간은 항상 선택을 하면서 살아간다. 다른 사람과의 교제와 스스로 해야만 하는 일을 분리하는 것 또한 냉철한 선택이 요구되는 인생의 문제다. 인생은 자기 자신의 것이라는 확신을 가지고 자신만의 방식을 유지하면 주변 사람들도 인정하게 된다. 사교도 중요하고, 인간관계 또한 중요하다. 하지만 그것에 휘둘린 나머지 그보다 더 중요한 일을 할 시간과 에너지를 낭비해서는 안 된다. 무리에서 빠져나와 자신만의 방식으로 살아가자.

시간의 주인으로 살아라

가라, 달려라. 그리고 세계가 6일 동안에 만들어졌음을 잊지 마라.
그대는 그대가 원하는 것은 무엇이든지 나에게 청구할 수 있지만
시간만은 안 된다.
– 나폴레옹

"시간을 지배하는 자가 인생을 지배한다."는 말이 있다. 하루 동안 어떻게 시간을 보내고 있는가? 이를 확인할 수 있는 가장 간단한 방법은 아침부터 밤에 잠들기 전까지 시간을 기록하고, 15분 또는 30분 단위로 분석해보는 것이다.

지인 중에 24시간을 48시간처럼 쓰는 사람이 있다. 블로그를 통해서 알게 되어 4년이라는 시간동안 곁에서 지켜보고 서로 응원하면서 친한 이웃사촌처럼 지내는 블로거인데, 이 언니를 만나면 희한하게도 시간이 멈춘 것 같은 느낌이 든다. 아침 일찍 기상하는 것은 물론이고, 언니의 하루 일과를 쭉 보고 있으면 도대체 이 많은 일들을 어떻게 하루에 다 해치울 수 있는지 믿기지 않을 만큼 시간경영을 잘하고 있다. 또한 내가 평소 보내는 오후 2시간과 언니 집에서 보내는 2시간은 질적으로 다른 느낌이다. 내 집에서는 물 흐르듯이 흘러가는 시간이라면 언니

집에서는 시간이 15분씩 4개로 나뉘어 배열되어 있는 느낌이랄까? 그런데 가만히 지켜보니 언니가 시간을 잘 쓰는 이유는 따로 있는 듯했다. 하루를 어떻게 쓸 것인지 매일매일 리스트를 작성하여 자투리시간도 허투루 쓰지 않는 것이었다.

물론 '자신을 시간의 틀 안에 구속하면서까지 그렇게 살 필요가 있냐?'라며 반박하는 사람도 있을 것이다. 그러나 생각해보자. 만약 당신이 지금보다 더 나은 미래를 원한다면 현재 효과적으로 시간을 활용하고 있는지 당신의 시간을 스스로 분석해보는 것이 최우선이다. 미국의 경영학자 피터 드러커도 '커다란 덩어리'의 시간을 어떻게 짜는가에 따라 계획의 성공 여부가 결정된다고 했다. 시간은 누구에게나 공평하다. 오히려 우리는 시간에 구속되어 시간의 노예로 살지 않기 위해 그것에 대한 경영권을 쥐고 있어야 한다.

시간은 금이라고 했다. 아니 금보다 더 귀한 것이 시간이다. 그러나 우리는 24시간이 언제까지나 우리에게 똑같이 주어지고, 그러한 시간이 영원할 것이라고 착각한다. 의도하지 않아도 버리게 되는 시간, 이왕 보내야 하는 시간이라면 활기차고 알찬 인생이 되도록 활용하면 좋지 않을까? 생활 속에서 시간 관리를 탁월하게 하는 방법으로는 어떤 것이 있을까?

첫째, 우선순위를 정하라. 15:4의 법칙이 있다. 미국의 작가 제임스 보트킨이 성공한 사람들의 시간 사용 패턴을 분석하는 과정에서 정립

한 법칙으로, "일을 시작하기 전에 15분 동안 무엇을 할 것인지 생각하면 나중에 4시간을 절약할 수 있다."는 것이다. 즉 15분 동안 일의 우선순위를 정하고 하루 업무를 조직화하면 나중에 4시간을 절약할 수 있다는 말이다. 바로 일에 착수하는 사람보다 미리 하루의 일을 생각해서 우선순위를 정하고, 하루의 업무를 조직화한 사람은 생각 없이 하루를 보내는 사람들보다 성공할 가능성이 훨씬 높다. 바로 '워크 하드work hard'가 아닌 '씽크 하드think hard'가 답인 이유다.

"장작을 패는 데 쓸 수 있는 시간이 8시간이라면 나는 그중 6시간을 도끼날 세우는 데 쓸 것이다."라고 말한 링컨도 계획을 세우는 것이 얼마나 중요한지 강조하고 있다. 계획에 실패하면 실패를 계획하는 것이다. 무엇부터 할 것인지 우선순위를 정해놓고, 매사 우선순위에 따라 선택한다면 하루하루가 최고의 날이 된다.

둘째, 시간을 아웃소싱하라. 시간도 돈으로 사는 것이다. 미국 포드의 창설자인 헨리 포드는 "나 자신이 아닌 사람에게 부탁할 수 있고, 더구나 그 사람이 그 일을 더 잘해줄 수 있다면 스스로 그 일을 할 필요가 없다."고 했다. 모든 일을 스스로 해결하려 하지 말라는 것인데, 이는 꼭 나에게 하는 말 같다. 나는 천성적으로 남에게 시키는 것을 별로 좋아하지 않아서 모든 일을 혼자 해결하려는 습성이 있다. 업무적인 일뿐만 아니라 가정에서도 마찬가지다. 어느 날은 다림질을 하고 있는데, 그날따라 다려야 할 셔츠가 많아서 장장 2시간을 앉아서 다리미질을 해야 했다. 내가 가사일 중 가장 싫어하는 일이 다림질이다. 내 딴에는 한다고 했음에도 불구하고 소매가 구깃구깃해서 2시간 동안 엉덩이 붙이고 앉아서 고생한 보람이 없게 되었다. 어깨도 아프고, 허리도 아프고, 무엇보다도 2시간을 버렸다고 생각하니 억울하기까지 했다. '2시간 동안 열심히 다림질을 했는데, 왜 시간을 날렸다고 하지?'라고 생각할 수 있겠지만, 나로서는 잘하지도 못하는 일을 한답시고 2시간 동안 하고 싶은 일도 못하고 시간낭비를 했으니 억울한 일인 것이다. 그 뒤로부터 집안의 모든 셔츠는 세탁소로 향한다. 나도 가정주부이고 절약하는 습관을 갖고 있는 터라 내가 할 수 있는 일임에도 남의 손을 빌린다는 게 낭비인 것 같아 많이 망설였다. 하지만 깨끗하게 세탁하고 다림질한 후 비닐커버까지 씌워 보내주는 셔츠를 받아들 때마다 기분이 좋다. 남이 대신 일을 해준 만큼 나름의 비용은 발생했지만, 내가 그만큼의 시간을 샀기 때문에 전혀 손해 보는 일은 아닌 듯하다.

무슨 일이든 다 스스로 해내는 사람이 멋져 보일 수는 있다. 나 또한 다재다능하기를 바라왔으니 말이다. 그러나 이런 행동은 현명함과는 거리가 멀다. 하루는 24시간으로 한정되어 있고, 몸은 하나뿐이다. 모든 영역의 전문가가 될 수는 없다. 시간을 구매해서 만들라는 말은 결국 자신의 시간을 최대가치를 발휘할 수 있는 곳에 사용하라는 말이다. 유한한 시간대의 가치를 높여나가는 것, 그것이 시간을 무한대화할 수 있는 일이다. 직접 하지 않아도 되는 일에 시간을 쏟지 말고, 내가 아니면 안 되는 일, 그리고 하고 싶은 일에 전력을 다하여 시간을 가치 있게 쓰는 것이 현명한 일이다. 다른 사람이 해줄 수 있는 일은 되도록 아웃소싱한다. 그만큼 비용은 발생하겠지만 직접 한다고 해서 그만큼 절약한 셈이 되진 않는다. 그로 인해 소비한 시간은 두 번 다시 되돌릴 수 없기 때문이다. 자신의 시간은 최대가치를 발휘할 수 있는 곳에 사용하자. 굳이 직접 하지 않아도 되는 일이라면 시간을 쏟지 말자. 대신 내가 아니면 안 되는 일이나 하고 싶은 일에 전력을 다하자. 그러면 하루를 두 배, 세 배의 가치로 사용할 수 있게 된다.

셋째, 자투리시간을 우습게보지 말라. 영국의 문학가 새뮤얼 존슨은 "짧은 인생은 시간 낭비에 의해 더욱 짧아진다."고 했다. 이 말은 시간을 소중히 사용하면 인생을 길게 만끽할 수 있다는 것으로 해석할 수 있다. 누군가를 기다릴 때나 전철 안에서의 짧은 시간을 어떻게 보내고 있는가? '5분밖에 없는데 뭘'이라며 손을 놓아버리는 사람과 '앞으로 5분이 남았네'라며 한두 가지라도 소소한 용무를 처리하는 사람은 일생이라는 관점에서 보면 엄청난 격차가 생기게 된다. 아무렇게나 버려질 수 있는 자투리시간을 이용한 독서가 누구도 예상하지 못한 변화를 가져올 수 있다. '앞으로 5분'이라는 사소한 시간, 틈새 시간은 하루에도 여러 번 생길 수 있다. 새로운 무언가에 활용하기 충분한 시간인 것이다.

다음은 마쓰자키 순도의 《나를 바꾸고 내 꿈을 이루는 시간경영기술》의 일부분이다. 자투리시간이 하루 중 어디에 위치하는 것이 옳은지,

그리고 그 시간의 중요성을 비유적으로 서술한 글이다.

"하루를 여행 가방이라고 가정해보자. 그 안에 24시간이라는 시간을 넣어야 한다. 어떻게 채우면 좋을까? 먼저 여행 가방의 네 구석에 틈이 생기지 않도록 시간을 채워 넣어야 한다. 처음부터 한가운데에 넣으면 구석마다 공간이 생기게 된다. 그러므로 한가운데는 가장 마지막에 채운다. 만일 네 구석에 들어갈 시간을 낭비한다면 당신에게 시간이 두세 배 주어진다고 해도 모두 허비할 것이다. 짧다고 해도 어떻게 보내느냐에 따라 15시간의 효과를 볼 수 있음을 잊지 말자. 구석에 들어가야 하는 시간은 10분이나 15분과 같이 '짧은 시간'이다."

마지막으로, 내일은 없을 것처럼 오늘 진심을 다해 살라. 사람들은 어제와 오늘, 내일의 경계가 모호하며 매일 반복된 일상이 오래도록 이어질 것을 기대한 채 하루하루 시간의 진정한 의미를 잊고 산다. 일상이 모여 인생이 된다. 훗날 모든 것을 뒤엎을 만한 한 방의 대박 사건이 있을 것이라는 생각은 오산이다. 당신이 노력한 만큼, 또한 당신이 생각하고, 바라고, 소원했던 만큼 인생은 정직하게 당신에게 돌려준다.

"인생은 길고 우리는 모두 작은 티스푼을 하나씩 들고 있다. 그 티

스푼으로 물을 퍼서 커다란 수조로 옮기게 되어 있다. 남들이 퇴근 한 다음에 내가 열 스푼을 더 퍼 날랐다면 그냥 그날 좀 더 고생하고 마는 게 아니라 내 수조에 열 스푼 분량의 물이 더 들어가 있다. 수조가 워낙 넓어 당장 몇 시간 더 일해 봐야 표도 안 나서 조바심이 나겠지만. 그 물은 어디로 새지 않는다. 내가 보장한다. 인생은 종량제다. 하나님이 인생을 무한대로 고생하게끔 고약하게 설계하신 게 아니라서, 지금 조금 더 한 것은 나중에 딱 그만큼 덜하게끔 되어 있다."

– 김미경의 《드림온》 중에서

당신이 책을 읽어도 시간은 가고 읽지 않아도 시간은 간다. 시간은 누구에게나 공평하다. 책은 사람들에게 시간을 내줄 것을 요청하지만, 사람들은 바쁘다는 핑계로 허락하지 않는다. 책은 그런 사람들에게는 아무런 의미도 되어주지 못하고, 사람들의 마음 또한 전혀 얻지 못한다. 책은 사람들에게 제발 자신을 읽어 달라며 매달리고 사정하지 않고 상대방의 마음을 얻을 수 있는 방법에 대해서 조용히 연구한다. '언젠가는 읽을 거야'라며 기약 없는 기대를 품을 것이 아니라 지금 바로 이 순간 진심으로 대하고 행복해져야 한다.

항상 시간이 부족해서 책 읽을 시간은 꿈도 꾸지 못한다는 사람과 해야 할 일을 제대로 하면서도 자신이 하고 싶은 일도 하고, 독서할 시간까지 갖는 사람의 차이가 단지 일의 많고 적음의 차이는 아니다. 그것은 일의 강도나 능력의 차이라기보다는 스스로가 시간의 주인이 되어 얼마나 알찬 하루를 경영하였느냐의 차이인 것이다. 독서를 하면 시간의 주인이 될 수 있다.